www.ingramcontent.com/pod-product-compliance
Lightning Source LLC
LaVergne TN
LVHW010557070526
838199LV00063BA/4998
9789358725568

مذہب اور سائنس

(مجلہ 'محدث' [لاہور] کے شماروں سے منتخب شدہ مضامین)

مرتب:

ادارہ محدث

© Idara Mohaddis

Mazhab aur Science (Essays)
by: Idara Mohaddis
Edition: March '2024
Publisher :
Taemeer Publications LLC (Michigan, USA / Hyderabad, India)

ISBN 978-93-5872-556-8

مصنف یاناشر کی پیشگی اجازت کے بغیر اس کتاب کا کوئی بھی حصہ کسی بھی شکل میں بشمول ویب سائٹ پر اَپ لوڈنگ کے لیے استعمال نہ کیا جائے۔ نیز اس کتاب پر کسی بھی قسم کے تنازع کو نمٹانے کا اختیار صرف حیدرآباد (تلنگانہ) کی عدلیہ کو ہو گا۔

©ادارہ محدث

کتاب	:	**مذہب اور سائنس** (مضامین)
مرتبہ	:	**ادارہ محدث**
صنف	:	مذہب
ناشر	:	تعمیر پبلی کیشنز (حیدرآباد، انڈیا)
سالِ اشاعت	:	۲۰۲۴ء
صفحات	:	۹۴
سرورق ڈیزائن	:	تعمیر ویب ڈیزائن

فہرست

(۱)	مذہب اور سائنس	ایم-ایم-اے	6
(۲)	مذہب اور سائنس کا باہمی تعلق	عزیز الرحمان	16
(۳)	علم ریاضی سے مسلمانوں کا اعتنا	اختر راہی	39
(۴)	'صحیح سائنسی علم' اسلام کا ہم نوا ہوتا ہے!	ریاض الحسن نوری	48
(۵)	اسلام اور سائنس کے مزاج و مناہج کا اختلاف	خالد جامعی	60
(۶)	سائنسی علوم کے بانی مسلمان علما	باسم ادریس	84

(۱) مذہب اور سائنس

ایم-ایم-اے

موجودہ زمانے کو سائنس کا زمانہ کہا جائے تو بے جا نہ ہوگا۔ اس صدی میں سائنس کے جو حیرت انگیز انکشافات ہوئے ہیں ان سے حضرت انسان کی آنکھیں خیرہ ہوگئی ہیں۔ سائنس کی یہ ترقی ذہین اور زرخیز دماغوں کی مرہونِ منت ہے۔ یہ لوگ علم و دانش میں اپنی مثال آپ تھے لیکن شاید انہیں یہ علم نہیں تھا کہ انسانیت کی فلاح و بہبود کے لئے کی جانے والی یہ کوششیں ایک دن انسانیت کے لئے وبال جان بھی بن جائیں گی۔ یہ حقیقت کتنی تکلیف دہ ہے کہ سائنس انسانیت کے لئے موجبِ رحمت بننے کے ساتھ ساتھ اس کے لئے ہلاکت کا سامان بھی لے کر آئی ہے۔ نوکلیر Nuclear سائنس کی بے پناہ ترقی انسانیت کے لئے ایک مہلک خطرہ بن چکی ہے ایٹمی توانائی (Atomic Energy) تعمیری کاموں کی بجائے زیادہ تر تخریبی سرگرمیوں میں استعمال ہو رہی ہے۔ سائنسدان تجربہ گاہوں میں بیٹھے جہاں انسانی دکھوں کا مداوا تلاش کر رہے ہیں وہاں وہ اسے اذیت ناک موت سے دوچار کرنے کے سامان بھی تیار کر رہے ہیں۔ سائنسدانوں نے زندگی کو جتنا حسین، سبک اور خوشگوار بنانے کی کوشش کی ہے وہ اتنی ہی پژمردہ اور مضمحل ہوتی چلی گئی ہے۔ جسم کے خدوخال یقیناً تیکھے اور دلکش نظر آنے لگے ہیں لیکن روح زخموں کی تاب نہ لا کر بلبلا اُٹھی ہے۔ فاصلے سمٹتے اور دل دور ہوتے چلے جا رہے ہیں۔ انسانی شخصیت کا شیرازہ بکھرتا چلا جا رہا ہے۔ عقل کی بھول بھلیاں میں بھٹک کر انسان خود سراغِ گم گشتہ

بن گیا ہے۔

سوال پیدا ہوتا ہے کہ ایسا کیوں ہے؟ اس کا جواب ہمارا مادہ پرستانہ نظریہ حیات ہے۔ مادہ پرستی نے انسان کو دولت تو بخش دی لیکن دولت کی یہ فراوانی روح کی آسودگی نہیں دے سکی۔ وہ مادیت کی دلدل میں پھنس کر روح کی آسودگی کو ترس رہا ہے اور اگر روح آسودہ نہ ہو تو سب کچھ ہوتے ہوئے بھی انسان اپنے آپ کو تنہا محسوس کرتا ہے۔ زندگی کی الجھنوں نے دماغ کو شل کر کے رکھ دیا ہے۔ کتنے ہی لوگ ایسے ہیں جو اپنے ذہنوں میں فکری انتشار اور ذہنی پریشانیوں کے اژدہے لئے ہوئے ہیں۔ ان اژدھوں کی پھینکاریں کاروبارِ حیات کو درہم برہم کیے ہوئے ہیں۔ کبھی کبھی تو ایسا معلوم ہوتا ہے جیسے انسانی ڈرامے کا ڈراپ سین ہونے والا ہے۔

اگر ہم حقائق کی نظر سے دیکھیں تو ہمیں اس بات کو تسلیم کرنا پڑے گا کہ انسانی روح جس خلفشار اور کرب میں مبتلا ہے اس کا مداوا سوائے مذہب کے اور کسی کے پاس نہیں ہے۔ مادیت پرستی خود غرضی کو جنم دیتی ہے اور یہی خود غرضی انسان کی موجودہ ذہنی کش مکش کا باعث ہے۔ فرانس کا ملحد فلسفی رینان Renon اپنی ایک کتاب 'The History of Religions' میں خود اس بات کا اعتراف کرتا ہے کہ مادیت ایک فریب اور دھوکہ کے سوا کچھ نہیں۔ لہٰذا ہمیں لا محالہ مذہب کی اہمیت کو تسلیم کرنا پڑتا ہے۔ حضرت آدم علیہ السلام سے لے کر موجودہ زمانے تک کی تاریخ کا مطالعہ کرنے سے یہ بات روزِ روشن کی طرح عیاں ہو جاتی ہے کہ مذہب ہی ایک ایسی فعّال قوت ہے جو انسانیت کی ترقی اور فلاح کی علمبردار ہے۔ قرآن کریم میں ایسی بیشتر اقوام کا ذکر ملتا ہے جو تہذیب و تمدن میں اپنی مثال آپ تھیں لیکن جب بھی انہوں نے اپنی عقل کو لا محدود اور اپنی بصیرت کو بڑا جان کر مذہب کی مسلمہ اہمیت سے انکار کیا تو وہ فکر و نظر کی

تاریکیوں میں بھٹک کر رہ گئیں۔ اگر ہم گزشتہ اقوام کے عروج وزوال کے فکری اسباب پر غور کریں تو ہم دیکھیں گے کہ ہر تہذیب اور معاشرے کو اپنی ابتداء سے انتہاء تک تین مرحلوں سے گزرنا پڑا۔ ابتدائی زمانہ۔ کمالِ عروج کا زمانہ اور اس کے بعد زوال۔ اپنے ابتدائی عروج کے زمانہ میں وہ تہذیب اس نظریے کی حامل رہی کہ یہ کائنات ایک ارادے اور ایک شعور کا کرشمہ ہوئی ہے اور ارتقاء کا عمل ایک منظم طریق سے ہو رہا ہے۔ زندگی ایک شرارہ ہے جو اس کائنات کے ربّ اور الٰہ کی طرف سے جب مادے کو ودیعت کیا جاتا ہے تو اس میں ایسی صلاحیتیں اُبھر آتی ہیں جو مادے کے اپنے خواص نہیں ہیں۔ انسان محض ایک ترقی یافتہ حیوان (Social Animal) نہیں ہے بلکہ اسے اخلاقی حس اور خیر و شر کی تمیز کی صلاحیت عطا کر کے اسے اس کے خالق نے اپنی خلافت و نیابت کے لئے مامور کر دیا ہے۔ اب اس کا مقصد وجود ربّ کائنات اور رب الناس کی رضا کے مطابق زندگی کی تعمیر کرنا ہے اور یہ اس کے لئے پوری طرح ذمہ دار اور جواب دِہ ہے۔

اس نظریے کی رو سے وہ قوم مادے کی تسخیر اور اس کو انسانی صورتوں کے لئے استعمال کرنے کے طریقے دریافت کرتی ہے۔ وہ زندگی کی پوری وسعتوں سے آگاہ ہو کر ارتقائے حیات کی شاہراہ پر گامزن ہو جاتی ہے۔ ابتداء میں وہ قوم مذہب کو ایک عقیدے کی شکل دے دیتی ہے لیکن شاہراہِ ارتقاء پر ایک موڑ ایسا آتا ہے، جب نہ صرف مذہب کو عقیدے کے طور پر تسلیم کر لیا جاتا ہے بلکہ عقلی طور پر اس کی حقانیت بھی پہچانی جاتی ہے اور اس کے آخری سرچشمہ اور مصدر کو سمجھنے کی کوشش کی جاتی ہے۔ مذہب کی اس ترتیب و تشکیل میں کائنات کے نظم و ضبط میں منطقی طور پر خدا کو ایک مخصوص درجہ حاصل ہو جاتا ہے۔ یہ دور اس قوم کے کمالِ عروج کا زمانہ ہوتا ہے۔ اس دور میں ایمان و ایقان کی بنیادوں پر تہذیب کی عمارت اور زیادہ پختہ اور مستحکم ہو جاتی ہے۔

کائنات کے نظم وضبط میں جب عقلی طور پر خدا کو ایک مخصوص درجہ حاصل ہو جاتا ہے تو انسان اس کی حقیقت پانے کے لئے بے چین ہو جاتا ہے لیکن اس کے لئے بھی وہ عقلیت کا راستہ اختیار کرتا ہے حالانکہ حقیقت کو پانے کے لئے عقلیت کا راستہ کامیاب راستہ نہیں، مذہب ہی کا راستہ اس کے لئے موزوں ہے۔ عقلیت کا استعمال سائنس یا علم کے لئے کسی بہت بڑے خطرے کا باعث نہیں ہوتا۔ سائنس کا محل عقلیت کے فریب کی بنیاد پر بھی کھڑا رہ سکتا ہے۔ مگر مذہب میں ایسا نہیں ہو سکتا لہٰذا یہیں سے اس قوم کا فکری اور ذہنی بگاڑ شروع ہو جاتا ہے۔ آہستہ آہستہ زندگی اور کائنات کے بارے میں اس کا زاویۂ نگاہ بدلنے لگتا ہے۔ انسان اپنی عقل کو غیر محدود اور اپنے علم کو یقینی اور قطعی تصور کر لیتا ہے جس کا نتیجہ یہ نکلتا ہے کہ کائنات اور اس کے مظاہر کے بارے میں ابتدائی تصورات سے گریز کا رجحان شروع ہو جاتا ہے اور وہ اپنا ایک علیحدہ طرزِ زندگی (Code of Life) تصنیف کر لیتی ہے۔ اس قوم کے ذہنوں میں آہستہ آہستہ یہ نظریہ جڑ پکڑنے لگتا ہے کہ یہ کائنات اپنے پیچھے کوئی ارادہ، کوی شعور، کوئی منصوبہ اور کوئی اقتدار نہیں رکھتی۔ یہ کائنات مادے کا ایک ظہور ہے اور اس میں جو کچھ ہو رہا ہے ایک حادثے کے طور پر ہو رہا ہے۔ یہاں زندگی بھی مادے کے ایک تقاضے کی حیثیت سے خود بخود نمودار ہو گئی ہے اس زندگی نے جس طرح اور بہت سے پیکر اختیار کیے ہیں ایک پیکر وہ بھی اختیار کر لیا جس کا نام انسان پایا۔ انسان کا مقصد زندگی اپنی خواہشات کی تکمیل کے سوا اور کچھ نہیں ہے۔

ایمان وایقان کی جگہ مجرد عقلیت پسندی اور الحاد کے اس نظریے پر کھڑی ہونے والی تہذیب دنیا کے لئے فساد کا باعث بن جاتی ہے اور قوم اخلاقی انحطاط کے راستے پر گامزن ہو جاتی ہے۔

آج کا موجودہ انسان بھی اپنے ملحد نظریات کی وجہ سے ایک مہلک ابتلاء میں پھنسا ہوا ہے۔ موجودہ یورپ کا عام فرد عقلیت کے فریب میں گھرا ہوا ہونے کی وجہ سے زندگی کی روحانیت سے واقف نہیں۔ اس کے خیالات کی کی دنیا میں ایک شدید کش مکش برپا ہے۔ اس کی وجہ یہ ہے کہ سائنس کے نظریۂ ارتقاء نے اسلام کی دنیا میں جہاں رومی کے اس تخیل کو پیدا کیا کہ انسان کے لئے حیاتیاتی اور نفسیاتی لحاظ سے ایک بہت وسیع اور ہمیشہ بڑھنے والا مستقبل ہے جسے حاصل کرنے کے لئے اسے جدوجہد کرنی چاہئے وہیں اسی نظریۂ ارتقاء نے یورپ میں یہ تخیل پیدا کیا کہ انسان کے لئے اس کی موجودہ حالت ہی سب کچھ ہے گویا ایک ہی نظریے نے اسلام کے مفکر کو مستقبل کے یقین اور اطمینان سے نواز کر رجائیت پسند بنا دیا اور یورپ کے مفکرین کو اس یقین سے محروم کر کے ان میں قنوطیت پیدا کی۔ چنانچہ یورپ کے مفکر نے جب زندگی کو مادے تک محدود سمجھ لیا اور اسی میں اٹک کر رہ گیا تو وہ خود غرضی، ہوسِ زر اور مادی فوائد جیسی مہلک بیماریوں میں مبتلا ہو گیا جنہوں نے اس کے دل میں زندگی کے اعلیٰ مقاصد سے نفرت اور خود زندگی سے بیزاری پیدا کر دی۔

چونکہ ہمارا مغربی تعلیم یافتہ طبقہ مذہب کی گہرائیوں سے واقف نہیں تھا لہٰذا یورپ کے سائنسی فلسفے نے جس کی بنیاد سراسر مادہ پر مبنی ہے اور جس میں مذہب کے خلاف شدید نفرت موجود ہے، اسے خاص طور پر متاثر کیا، لہٰذا اس نے یہ کہنا شروع کیا کہ مذہب سے انسان کے قومی، معاشرتی اور اقتصادی مسائل پوری طرح حل نہیں ہو سکتے اور یہ کہ مذہب ایک فرسودہ چیز ہے جو سائنسی اور انسانی ارتقاء کی راہ میں ایک رکاوٹ ہے چنانچہ اس تصور کے طبعی نتیجے میں مادہ پرستوں کی طرف سے مذہب کے حامیوں کو بے عقلی، جمود، رجعت پسندی اور تنگ نظری کے طعنے پوری بے تکلفی اور تسلسل کے ساتھ

عنایت کیے جاتے ہیں لیکن اگر مرعوبیت سے دامن بچاکر غور کیا جائے تو یہ تصور بجائے خود بے دانشی او عقل دشمنی کا شاہکار ہے اس کے پیچھے کوئی ٹھوس اور سائنٹیفک استدلال نہیں بلکہ اس کا سارازور و شور آدمی کی ان نفسانی خواہشات اور جسمانی داعیات کے اُبال سے عبارت ہے جس پر کسی بھی قسم کی پابندی اور قید و بند اور ذمہ داری کا کوئی بوجھ آج کا وہ انسان (جسے انسان کہنا بھی انسانیت کی وہین ہے) پسند نہیں کرتا جسے مادہ پرستانہ افکار نے تمام اخلاقی و انسانی قدروں سے کاٹ دیا ہو۔ وہ گوناگوں عوامل کے تحت جس ظاہر پرستی کا غلام بن جاتا ہے وہی اسے اس بات پر اکستانی ہے کہ مذہب کو تردید و تحقیر کا نشانہ بنائے اور مذہب کے علمبرداروں کو عقل و تدبر سے محروم قرار دے کیوں کہ مذہب اسے وہ لانہایت اور لا محدود آزادی عطا نہیں کرتا جس کے سایۂ عاطفت میں اس کے بھڑکے ہوئے جذبات، مچلتی ہوئی خواہشات اور بے کراں حرص وہوس کو کھل کھیلنے کے مواقع میسر آسکیں َبقولِ سید کرامت حسین جعفری 'چاہے پرانے ادوار کا مطالعہ کیا جائے چاہے دورِ حاضر کا، جن معاشروں میں جب کبھی خدا کا اعتماد ختم ہو گیا ان میں نفسیاتی اور اخلاقی دونوں طرح کی خرابیاں زیادہ پھیلی ہیں۔ دوسری طرف آپ گہرائی میں جائیں تو یہ دیکھیں گے کہ ہر وہ فرد جس پر غلط خواہشات کا دباؤ زیادہ بڑھ جاتا ہے اور وہ لازماً انہیں پورا کرنا چاہتا ہے تو وہ اپنے راستے سے ضمیر کی رکاوٹ ہٹانے کے لئے خدا کا انکار کر دیتا ہے یا اس کے تصور میں تحریف کر دیتا ہے۔ آپ اپنی زندگی میں ایسے جتنے لوگوں کا مشاہدہ کر چکے ہوں ان سب کا تصور ذہن میں تازہ کر کے دیکھ لیجئے کہ یہ دونوں چیزیں لازم وملزوم ہیں۔ ٹھیک یہی حال قوموں اور معاشروں کا ہے۔ وہ جب اخلاقی لحاظ سے غلط راستوں کو پسند کر لیتی ہیں تو پھر ضمیر کی کشمکش سے نجات پا کر کھلی پیش قدمی کرنے کے لئے تصورِ خدا سے نجات حاصل کرتی ہیں۔ تمام ملحد اقوام اخلاقی بحران سے دوچار ہو کر

رہتی ہیں۔ وہ یا تو کھلم کھلا الحاد کی علمبر دار ہوتی ہیں یا خدا کا ایسا تصور اختیار کرتی ہیں جو ان کی من مانی زندگی میں خلل انداز ہونے والا نہ ہو۔

اس ساری بحث سے یہ بات اچھی طرح واضح ہو جاتی ہے کہ سائنس کی ملحدانہ ترقی انسانیت کے لئے فساد کا باعث بن جاتی ہے۔ لہٰذا یہ ضروری ہے کہ مذہب اور سائنس کو پہلو بہ پہلو چلایا جائے۔ اب سوال پیدا ہوتا ہے کہ وہ کون سا ایسا مذہب ہے جو سائنس کے ہم پہلو ہو کر چل سکے؟ حقیقت تو یہ ہے کہ موجودہ مذاہب میں سے کوئی بھی تو اس قابل نہیں کہ اس کے سامنے ٹھہر سکے۔ اگر کوئی مذہب ٹھہر سکتا ہے تو وہ صرف اور صرف اسلام ہی ہے کیونکہ جیسا کہ پیچھے ذکر ہو چکا ہے کہ سائنسی نظریۂ ارتقاء نے اسلام کے مفکر کو مستقبل کے یقین اور اطمینان کی دولت سے مالا مال کر کے جہاں اسے رجائیت پسند بنایا وہیں یورپ کے مفکر کو اس دولت سے محروم کر کے قنوطیت پسند بنایا۔ لہٰذا ہم بلا جھجک یہ کہتے ہیں کہ صرف اسلام ہی ایسی خوبی رکھتا ہے کہ یہ سائنس کے دوش بدوش چل کر کاروان انسانیت کا جادۂ ارتقاء پر آگے بڑھانے میں ممد و معاون ثابت ہو سکے۔

سائنس نے کائنات کے ایک بڑے حصے کو مسخر کر دیا ہے لیکن انسان اس تسخیر کائنات سے کیا کام لیتا ہے؟ اس کا تعین فکری ضابطے اور اخلاقی رویے کریں گے اور یہ ضابطے اور رویے سب سے بہتر صورت میں اسلام کے پاس ہیں۔

کائنات کی ساری ماڈرن تھیوریاں (Modern Theories) ایک نہایت ہی چھوٹے اور نہ دکھائی دینے والے ذرے پر مبنی ہیں جسے الیکٹرون (Electron) کہتے ہیں۔ الیکٹران کیا ہے؟ کوئی سائنسدان کچھ کہتا ہے اور کوئی کچھ۔ چنانچہ ایک ذرہ بھر مفروضے پر تکیہ کر کے جس کی ہیئت نامعلوم ہے۔ سائنسدان کل کائنات کا سفر کر رہے ہیں۔ سائنس کی بنیاد عقل پر ہونے کے باوجود اگر سائنسدان ایسا کر سکتے ہیں تو کیا انسان

ایک ایسا مفروضہ اپنی روح کے آرام، اپنی سائیکی Psyche کی بقا اور اپنے شعور کی جلا کے لئے نہیں کر سکتا جس کا آرام کلی طور پر انسان کی اپنی ذات ہی کو ہو؟ اور وہ مفروضہ کیا ہے؟ یہی کہ 'خدا ہے' اگر انسان آج سے اس مفروضے پر زندگی بسر کرنا شروع کر دے تو اس کے لئے اس سے زیادہ اور کسی مفروضے کی ضرورت نہ ہو گی۔ اس کے باوجود بھی اگر کوئی شخص ہٹ دھرمی کا مظاہرہ کرتا ہے تو وہ عقل کا اندھا ہے۔ خدا کے وجود سے انکار عقل کی بدولت نہیں ہو سکتا۔ ہم خدا کے وجود سے انکار اسی وقت کر سکتے ہیں جب ہم نے کائنات کا ایک ایک کونہ چھان لیا ہو اور ہمیں کہیں بھی خدا نظر نہ آیا ہو۔ اب یہ دعویٰ کون کو سکتا ہے؟ اور جو کرتا ہے عقل اس کے دعوے کو تسلیم نہیں کرے گی۔ بیسویں صدی کے سائنسدان جس قدر حقیقتوں کے قریب پہنچتے جا رہے ہیں، اسی قدر خدا کے وجود پر ایمان لے آئے ہیں۔ اب الحاد ایک سائنسی حقیقت نہیں رکھتا۔ چنانچہ ہربرٹ ہوور کہتا ہے:

"جوں جوں سائنس میں ترقی ہوئی ہے، ایک خاص گروہ زور پکڑتا گیا۔ اس فرقے میں دہریہ فلسفی شامل ہیں جو کہتے ہیں، خدا جیسی موہوم ہستی کا ادراک محال ہے۔ یہ لوگ ہر وقت بحث مباحثے میں مصروف رہتے ہیں کہ مذہب اور سائنس دو متضاد چیزیں ہیں۔ ان کا سخت مقابلہ ہے جس میں فتح سائنس کی ہو گی۔ میں یہ ہرگز نہیں مانتا۔ میرا عقیدہ ہے کہ مذہب نہ صرف فتح یاب ہو گا بلکہ انسان کی بھلائی اسی میں ہے کہ وہ فتح یاب ہو۔ دیکھا جائے تو تمام مذاہب کی بنیاد ایک ہی ہے۔ سائنس میں جو انکشافات ہوئے ہیں۔ ان سے ثابت ہو چکا ہے کہ فضا کے تاروں سے لے کر ایٹم تک ساری کائنات چند اٹل قوانین کے زیرِ تسلط ہے اور ایک زبردست قوت موجود ہے جس نے یہ قانون بنائے ہیں۔ انسان کو جانوروں سے بلند کر کے اشرف المخلوقات کا رتبہ بخشا گیا۔ اس فرق کو نمایاں کرنے کے

لئے انسان کو وہ اعلیٰ جوہر عطا ہوا ہے جس سے ضمیر، روحانیت اور تصوّریت پیدا ہوئی۔ ان ملکوتی جذبوں کے ہوتے ہوئے بھلا اس قادر مطلق کے وجود سے کس طرح انکار کیا جا سکتا ہے۔ جس کا لمس ہر جگہ محسوس ہو رہا ہے۔ جس کی کارکردگی کائنات کی ہر چیز سے عیاں ہے۔

یہ دہریے انسانی ترقی و بہبود کو مادیت کے پیمانے سے ناپنے کے عادی ہو چکے ہیں۔ کوئی ان سے پوچھے اگر ٹھوس مادیت ہی سب کچھ ہے تو انسان کے دل میں ایمان اور روحانیت کے جذبے کس طرح آئے؟ بلند اخلاقی، صاف دلی اور نیک نیتی کی خواہش کیسے پیدا ہوئی؟ یہ سب خوبیاں جن پر تعمیر و اصلاح کی اساس رکھی گئی ہے۔ خود بخود کہاں سے آ گئیں۔

زندہ اور ترقی پذیر قومیں خدا پر اعتماد رکھتی ہیں۔ اس کی ہستی سے منکر ہونا اور ایمان کی کمی انحطاط پذہیر قوموں کی نشانیاں ہیں۔

اس ساری بحث سے ہم یہ نتیجہ نکالتے ہیں کہ جس طرح سائنس ترقی کرتے ہوئے منزل بہ منزل مادی فطرت کی نقاب کشائی کرتی چلی جا رہی ہے۔ اسی طرح مذہب بھی عروج و ارتقاء کی منزلیں طے کر سکتا ہے لیکن یہ عروج وارتقاء سے یقیناً مختلف ہو گا۔ سائنس جس حقیقت کی تلاش میں ہے اس حقیقت کو مذہب نے پا لیا ہے۔ اسلام نے علی الاعلان یہ دعوےٰ کیا ہے کہ خدا کی ہستی ایک اور وحدانیت کی جس طرح تشریح و توجیہ کی ہے وہ ایسی جامع اور اکمل ہے کہ فلسفہ اور سائنس اس کا ابطال نہیں کر سکتے۔ اَن دیکھے خدائے واحد کی ہستی جس کو اسلام پیش کرتا ہے۔ اس کا مقصد بنی نوع انسان کو طبیعی پابندیوں اور حیاتی کائنات سے آزادی بخشنا ہے۔ خدا کو تمام معیاروں کا غیر مرئی ماخذ قرار دینا حیاتِ انسانی کو ارتقائی اور متحرک بنانا ہے۔ انسان اس وقت تک موجودات کا معیار

کمال، اشرف المخلوقات اور زمین پر خدا کا نائب نہیں ہو سکتا جب تک وہ موجودات کی حلقہ بگوشی سے چھٹکارا نہ پائے اور اَن دیکھے نصب العین کی بلندیوں کی طرف عروج نہ کرے۔

(۲) مذہب اور سائنس کا باہمی تعلق

عزیز الرحمان

انسانی زندگی کے کچھ خواص ہیں، اور ان خواص کے اعتبار سے کچھ لوازم بھی۔ انسانی زندگی کا مادّی وجود جہاں اس سے بہت سی چیزوں کا تقاضا کرتا ہے، اسی طرح اس کا ایک روحانی وجود بھی ہے، جو اس سے 'مذہب' مانگتا ہے۔ انسان مادّی اعتبار سے خواہ کتنا ہی ترقی یافتہ کیوں نہ ہو جائے، اس کا روحانی وجود اسے سکونِ قلب کی طلب پیدا کر کے، اسے اپنے وجود کا احساس دلاتا رہتا ہے۔ بلکہ دیکھا یہ گیا ہے کہ مادّیت کی دوڑ میں انسان جس قدر آج بڑھتا جاتا ہے، اتنی ہی اس کی روحانی تشنگی بڑھتی چلی جاتی ہے، یہ پیاس ہی مذہب کے وجود کی سب سے بڑی، سب سے وقیع، سب سے وزنی اور عالمگیر دلیل ہے!

سائنس دورِ جدید کے انسان کو پوری طرح اپنی گرفت میں لے چکی ہے۔ یہ بات بھی درست ہو گی کہ سائنس سے سائنسی ایجادات مراد لی جائیں، لیکن سائنس بذاتِ خود ایک طرزِ فکر کا نام ہے، جو گذشتہ زمانے میں بد قسمتی سے، چند خارجی و داخلی وجود کے سبب، اور ابتدائی سطح پر ملنے والی کامیابیوں سے حاصل ہونے والی سرخوشی کے زعم میں مذہب اور خدا کے وجود سے ٹکرا گئی تھی، لیکن اب ہر سطح پر اس کا احساس پیدا ہو چلا ہے کہ سائنس کا میدان اور ہے اور مذہب کے فرائض اور۔ سائنس کا مذہبی اُمور میں کوئی دخل نہیں ہے، البتہ مذہب کا سائنسی معاملات میں دخل ضرور ہے، جو کہ برس ہا برس کے تجربے اور مشاہدے سے ثابت ہو چکا ہے۔ لیکن یہ دخل تعمیری اور مثبت نوعیت کا ہے، منفی اور تخریبی نہیں۔ لہٰذا دونوں میں ٹکراؤ اور تضاد کی کیفیت کا پیدا ہونا ممکن

نہیں۔ ایسا اس وقت ہوتا جب دونوں کے مفادات مشترک ہوتے، اور جب دونوں کا میدانِ عمل ایک ہوتا۔ منطق کی زبان میں یہ کہا جاسکتا ہے کہ دونوں کے مابین 'عموم وخصوص مطلق' کی نسبت ہے۔ زیر نظر مضمون میں اسی حوالے سے اسلام کی تعلیمات کے تناظر میں گفتگو کی گئی ہے، اور مقصد اس غلط فہمی کا ازالہ ہے کہ کیا مذہب سائنس کا مخالف ہے؟ یا اہل مذہب اور اہل سائنس میں حقیقتاً کسی ٹکراؤ کی کیفیت پائی جاتی ہے؟

سائنس اور مذہب کے باہمی تعلق کی اہمیت / پس منظر

سائنس اور مذہب کے باہمی تعلق کو سمجھنا اس لئے ضروری ہے کہ اس سوال کے دونوں ہی جز انسانی زندگی اور خصوصاً عصر حاضر میں نہایت اہمیت کے حامل ہیں، ایسی اہمیت جس سے صرفِ نظر نہیں کیا جاسکتا۔ بلکہ اس بیان میں کوئی مبالغہ نہیں کہ دونوں ہی چیزیں، مذہب اور سائنس آج کے ہر انسان کے لئے ناگزیر ہیں، اور اگر کوئی اس حقیقت سے واقف نہیں یا کسی سبب سے اس بدیہی حقیقت کو قبول کرنے سے صرفِ نظر کرتا ہے، تو وہ خود اپنی زندگی کو نامکمل بنانے اور ناقص رکھنے کی سعیِ نامشکور کرتا ہے، خواہ اسے خود اس کا علم تک نہ ہو!

سائنس اور مذہب کا یہ ٹکراؤ اٹھارہویں اور اُنیسویں صدی کی پیداوار ہے، اور یہی وہ دور ہے جب جدید سائنس کا ظہور ہوا، اور دنیا نے اسے کسی علم بلکہ مکتبِ فکر کے طور پر پہچانا۔ سائنسی دریافتوں میں جدید تعلیم یافتہ طبقے کے لئے بڑی کشش تھی، پھر اس کا دارومدار مکمل طور پر مشاہدے اور تجربے پر تھا۔ یہ چیزیں انسانی شعور اور عقل کو براہِ راست متاثر کرتی ہیں اور انسان ظاہر میں نظر آنے والی چیزوں کا اثر زیادہ تیزی سے اور شدت کے ساتھ قبول کرتا ہے۔

پھر ایک اور بات بھی ہے، عربی محاورے کل جدید لذیذ کے مطابق ہر نئی چیز لذیذ

ہوتی ہے۔ سائنس مذہب کے مقابلے میں ایک نئی چیز تھی، ان اسباب و عوامل کی بنا پر لوگوں کا اس کے اثرات تیزی سے قبول کرنا ایک فطری عمل تھا، مگر خرابی یہاں سے شروع ہوئی کہ سائنسی دریافتوں سے جو ماحول بنا، اس میں لوگ یہ سمجھنے لگے کہ اب خدا کی کوئی ضرورت نہیں رہی، اور مذہب ایک فرسودہ روایت سے زیادہ کوئی حیثیت نہیں رکھتا۔ کیونکہ ان کے نزدیک خدا کو ماننا اس لئے ضروری تھا کہ اس کو مانے بغیر کائنات کی کوئی توجیہ نہیں کی جاسکتی، اب جدید سائنس نے یہ عقدہ حل کر دیا ہے۔ اب ہمیں معلوم ہو گیا ہے کہ یہ کائنات اور اس میں واقع ہونے والا ہر امر ایک سبب کی وجہ سے ہے، اور وہ سبب معلوم کیا جاسکتا ہے۔ اس طرح ہمیں یہ بھی معلوم ہو گیا ہے کہ یہ سب کچھ قانون فطری ہے، Law of Nature کے لگے بندھے اُصولوں کے تحت وقوع پذیر ہو رہا ہے۔

دوسری جانب یوں ہوا کہ حضرت عیسیٰ علیہ السلام کی تعلیمات میں، جو وحی الٰہی پر مبنی تھیں، وقت کے ساتھ ساتھ تغیر اور تحریف نے جگہ پکڑ لی اور یونانی فلسفے نے اس پر غلبہ حاصل کر لیا، اور رفتہ رفتہ فلسفیانہ مباحث مذہب کا جز بن کر تقدس حاصل کرنے میں کامیاب ہو گئے۔ یہ فلسفہ بہت سے زمینی حقائق اور معروضی حالات کے خلاف تھا، اور اس میں خیالی اور تصوراتی مفروضوں کی بہتات تھی۔ جب سائنس کی مشاہدے اور تجربات پر مشتمل دریافتیں اور انکشافات سامنے آنا شروع ہوئے تو مذہب کا حصہ بن جانے والے ان مفروضوں میں دراڑیں پڑنے لگیں، جس سے اہل مذہب (کلیسا) نے اپنے وجود کو خطرہ سمجھا، اور یوں اہل سائنس اور اہل مذہب (عیسائیت) کے مابین ایک کشمکش کا آغاز ہو گیا، جس کے نتیجے میں پوپ کے خاص حکم کے تحت احتساب عدالت قائم ہوئی، جس میں تقریباً تین لاکھ افراد کو حاضری دینا پڑی۔ ان کو سخت سزائیں دی گئیں،

اور تقریباً ۳۰ ہزار افراد کو زندہ جلا دیا گیا۔ ان سزا یافتگان میں گلیلیو اور برونو جیسے افراد بھی شامل تھے، یہ مذہب اور سائنس کی علیحدگی اور ان کے مابین چپقلش کا نقطہ عروج تھا، اور یہیں سے وہ جنگ شروع ہوئی، جو بالآخر علم اور مذہب کی جنگ بن گئی۔(۱)

جن باتوں نے مذہب (عیسائیت) اور سائنس کے مابین ان سنگین اختلافات کو جنم دیا، ان میں سے بات کو سمجھنے کے لئے صرف ایک مثال پیش کی جاتی ہے۔ ارسطو نے مرکزیتِ زمین کا نقطہ نظر پیش کیا تھا، یہ خالصتاً یونانی فکر تھی جس کا حضرت عیسیٰ علیہ السلام کی تعلیمات سے کوئی تعلق نہیں تھا، مگر چونکہ یہ نظریہ مرورِ زمانہ کے ساتھ ساتھ مسیحی مذہب کا حصہ بن چکا تھا، اس لئے جب کوپرنیکس (۱۴۷۳ء تا ۱۵۴۳ئ) نے مرکزیتِ آفتاب کا تصور پیش کیا تو عیسائی پیشواؤں کے ہاں کھلبلی سی مچ گئی، اور انہوں نے کوپرنیکس کی زبان بندی کر دی۔ کیونکہ یورپ میں اس وقت مسیحی پیشواؤں کو اقتدار حاصل تھا، جس کا انہوں نے بھرپور فائدہ اٹھایا۔(۲)

اس 'جنگ' اور محاذ آرائی کا نتیجہ یہ نکلا کہ لوگوں میں یہ خیال عام ہو گیا کہ مشاہداتی علم (سائنس) اور مذہب دونوں ایک دوسرے کی ضد ہیں، اور ایک کی ترقی دوسرے کے لئے موت کا درجہ رکھتی ہے، حالانکہ یہ خیال واضح طور پر سراسر غلط تھا، اور اسلام کے نقطہ نظر کے صریح خلاف بھی، وہ تو یہ کہتا ہے کہ: ﴿إِنَّمَا يَخْشَى اللَّهَ مِنْ عِبَادِهِ الْعُلَمَـٰٓؤُا...۲۸﴾... سورۃ فاطر "بلاشبہ اللہ سے تو اس کے بندوں میں سے صرف اہل علم ہی ڈرتے ہیں۔"

مگر ان حالات کا نتیجہ یہ نکلا کہ علم (سائنس) لوگوں کو خدا اور مذہب سے دور کرنے والا بن گیا۔ سائنس اور مذہب کا یورپ میں ہونے والا یہ تصادم کوئی دو صدی تک جاری رہا، حتیٰ کہ ۱۸۵۹ء میں ڈارون نے اپنی کتاب Origin of species شائع

کی۔ چرچ کی جانب سے اس کی بھرپور مخالفت کی گئی، مگر اب چرچ کی طاقت کمزور پڑ چکی تھی، اس لئے رفتہ رفتہ صلح کے امکانات پیدا ہونے لگے، اور بالآخر دونوں کے درمیان سمجھوتہ طے پا گیا، جو دراصل سیکولر ازم (Secularism) کی صورت میں تھا، اب مذہب اور سائنس کے درمیان حدود کار متعین کر دی گئیں اور دونوں کے دائرے الگ الگ ہو گئے۔ (۴)

یوں کلیسا اور اہل سائنس کے مابین جاری جنگ کا تو خاتمہ ہو گیا، مگر در حقیقت مذہب اور سائنس دونوں نے وہ راستہ اختیار کیا، جو فطرت کے سراسر خلاف تھا، اس لئے رفتہ رفتہ حالات سدھرنے کی بجائے مائل بہ انحطاط ہوتے چلے گئے اور نوبت بہ ایں جا رسید کہ مذہب اور خدا ہر اعتبار سے (بزعم خود و بزعم غلط) ان کی زندگیوں سے نکل گیا۔ لیکن یہ ایک غیر فطری رویہ تھا، نتیجۃً خدا پھر بھی موجود رہا، اور مذہب کی ضرورت پھر بھی باقی رہی۔ آخر کمرے میں اپنے آپ کو بند کر کے، اور روشنی کی گزرگاہوں کو ختم کر کے، دن کے وقت میں انسان اپنے آپ کو رات ہو جانے کا تو غلط اطمینان دلا سکتا ہے، مگر سورج کی موجودگی کو تو ختم نہیں کر سکتا۔ یہ تھا سائنس اور مذہب کے اختلافات کا اصل پس منظر، اور جب ہم سائنس، مذہب تعلقات کی بات کرتے ہیں، تو اس پس منظر کو سامنے رکھنا ضروری ہے۔

انکارِ مذہب کا سبب

اب تک کی بحث سے یہ حقیقت واضح ہو جاتی ہے کہ خدا کے وجود کا انکار قطعاً سائنس کی ضرورت نہیں ہے، بلکہ یہ مذہب اور مذہبی تعلیمات سے روگردانی اور ان سے لاعلمی کا نتیجہ ہے، لیکن آج کے دور میں انکارِ مذہب کا ایک اہم سبب اور بھی ہے، اور اسے بھی پیش نظر رکھنا ضروری ہے۔ وہ سبب مغرب کے ہاں پھیلتا اور بڑھتا ہوا تصورِ

آزادی ہے، جس کو ہم 'مادر پدر آزادی' سے تعبیر کر سکتے ہیں۔ یہ آزادی رفتہ رفتہ ترقی کرتے ہوئے اب اس مقام انتہا کو پہنچ چکی ہے کہ اب ان کو ہر اس معقول چیز سے بھی خوف آنے لگا ہے، جو ان کی اس خود ساختہ آزادی کو ذرا بھی قدغن لگاتی ہو۔ خدا اور مذہب کے انکار کے پیچھے بھی یہی تصور کار فرما ہے، یہی وہ بنیادی خوف ہے، جو انہیں انکارِ مذہب کے لا یعنی فعل پر اکسار ہا ہے۔ ایک امریکی ماہر طبیعات جارج ہاربرٹ (George Herbert Blovnt) ان چند لوگوں میں سے ہیں، جنہیں اس امر کا اعتراف ہے، وہ کہتے ہیں:

"مذہب (خدا پرستی) کو ماننے کی معقولیت، اور خدا سے انکار کی غیر معقولیت بذاتِ خود ایک آدمی کے لئے عملاً خدا پرستی اختیار کرنے کا سبب نہیں بن سکتی۔ لوگوں کے دلوں میں یہ خوف چھپا ہوا ہے کہ خدا کو ماننے کے بعد آزادی کا خاتمہ ہو جائے گا، وہ اہل علم جو ذہنی آزادی کو دل و جان سے پسند کرتے ہیں، ان کے لئے اس آزادی میں کمی یا محدودیت کا کوئی بھی تصور بڑا تشویشناک ہے۔"(۵)

کیونکہ اللہ کا پیغام کسی نہ کسی نبی ہی کے توسط سے ہم تک پہنچا ہے، اور اس نبی کا پیغام تسلیم کرنے کا مفہوم یہ ہے کہ اس کی بات کو خدا کی بات تسلیم کیا جائے، اس لئے جب وہ کوئی بات کہے تو تمام لوگوں کیلئے اس کو تسلیم کرنا ضروری ہو گا، اور یہ بات ان لوگوں کیلئے قابل قبول نہیں ہو سکتی، جو عقل کو بلکہ صرف اپنی ہی عقل کو سب کچھ تصور کر کے اس کی پیروی کو ضروری سمجھتے ہیں۔

سائنس اور مذہب؛ اختلافِ عمل

جب تک اس امر کی وضاحت نہ ہو جائے کہ سائنس اور مذہب کے درمیان کس نوع کا اختلاف ہے؟ اس وقت تک ہمارا یہ دعویٰ صحیح صورت میں سامنے نہیں آ سکتا کہ

سائنس اور مذہب کے مابین دراصل میدانوں کا فرق ہے۔ دونوں کے میدان الگ الگ ہیں، اس لئے ان دونوں کی خدمات کو گڈمڈ نہیں کیا جاسکتا، اور جو خرابی بھی پیدا ہوئی ہے، اس کا سبب بھی یہی ہے کہ ہم نے دونوں کے دائرہ کار کو باہم گڈمڈ کر دیا ہے۔ اگر یہ بات واضح ہو جائے تو ظاہر ہو جائے گا کہ سائنس کو مانتے ہوئے، اس پر عمل کرتے ہوئے اور اس سے متمتع ہوتے ہوئے بھی مذہب کو خصوصاً مذہبِ اسلام کو تسلیم کیا جاسکتا ہے، اور اس کے مطالبات پورے کئے جاسکتے ہیں، دونوں میں کوئی ٹکراؤ نہیں ہے...!!

اوپر بیان ہو چکا ہے کہ یہ اختلاف اس وقت پیدا ہوا، جب اہل سائنس نے یہ جان لیا کہ دنیا کا نظام قانونِ فطرت پر چل رہا ہے، اور کائنات میں پیش آنے والے واقعات ایک متعین قانونِ فطرت کے مطابق رونما ہو رہے ہیں، اس لئے ان کی توجیہ کرنے کے لئے کسی نامعلوم اور غیر موجود خدا کا وجود فرض کرنے کی ضرورت نہیں۔ یہ ضرورت اس وقت تھی، جب تک ان واقعات کی توجیہ ہمارے سامنے نہیں آئی تھی۔ حالانکہ ذرا سا غور و فکر کرنے والے پر بھی اس استدلال کی غیر معروضیت اور سطحیت واضح ہو سکتی ہے۔ سوال تو یہ تھا کہ اس کائنات کے نظام کو برقرار اور مثبت طریقوں پر قائم رکھنے والی ایک اتھارٹی ناگزیر ہے، اور اس ذات کی ناگزیریت اب بھی علی حالہ قائم ہے، کیونکہ اب تک کی تگ و دو سے سائنس نے جو کچھ معلوم کیا ہے، وہ قانونِ فطرت کی صورت میں صرف اس سوال کا جواب ہے کہ یہ کائنات کیا ہے؟ مگر مذہب جس سوال کا جواب دے رہا ہے، وہ یہ ہے کہ جو کچھ اس طرح طے شدہ پروگرام اور پورے نظم وضبط کے ساتھ اپنے اپنے مقررہ وقت اور مدت پر پیش آرہا ہے، وہ کیوں ہو رہا ہے؟

مذہب ان واقعات کے اصل اسباب و محرکات پر گفتگو کرتا ہے، لہٰذا سائنس کی دریافتوں کے باوجود مذہب کی ضرورت موجود و برقرار ہے، بلکہ اس وقت مزید بڑھ جاتی

ہے، جب سائنسی توجیہات پر غور و فکر کرنے والا شخص ڈور کا اصل سرا نہیں پاتا، اور یوں اسے اپنی زندگی میں خلا محسوس ہونے لگتا ہے۔ ایک امریکی ماہر حیاتیات سی سیل بوائس ہمن (Cecilboyce Hamann) اس بارے میں کہتا ہے:

"غذا ہضم ہونے اور اس کے جزوِ بدن بننے کے حیرت انگیز عمل کو پہلے خدا کی طرف منسوب کیا جاتا تھا، اب جدید مشاہدے میں وہ کیمیائی ردّ عمل کا نتیجہ نظر آتا ہے، مگر کیا اس کی وجہ سے خدا کے وجود کی نفی ہوگئی؟ آخر وہ کون سی طاقت ہے، جس نے کیمیائی اجزا کو پابند کیا کہ وہ اس قسم کا مفید ردّ عمل ظاہر کریں، غذا انسان کے جسم میں داخل ہونے کے بعد ایک عجیب و غریب خود کار انتظام کے تحت جس طرح مختلف مراحل سے گزرتی ہے، اس کو دیکھنے کے بعد یہ بات بالکل خارج از بحث معلوم ہوتی ہے کہ یہ حیرت انگیز انتظام محض اتفاق سے وجود میں آگیا، حقیقت یہ ہے کہ اس مشاہدے کے بعد تو اور زیادہ ضروری ہوگیا ہے کہ ہم یہ مانیں کہ خدا اپنے ان عظیم قوانین کے ذریعے عمل کرتا ہے، جس کے تحت اس نے زندگی کو وجود دیا ہے۔"(٦)

درحقیقت سائنسی تگ و دو نے ہمیں واقعے کی صحیح تصویر تو دکھا دی ہے، مگر یہ واقعہ درست طور پر کیونکر پیش آتا ہے؟ اس تک سائنس رسائی حاصل نہیں کر سکتی، قوانین فطرت کیسے وجود پذیر ہوئے؟ ان کو درست نہج پر کس نے استوار کیا؟ اور پوری کائنات کا یہ ڈھانچہ، جس سے یہ کائنات متمتع ہو رہی ہے، کس طرح اس قدر صحت و توازن کے ساتھ قائم ہے کہ اس کو دیکھ کر سائنسی قوانین اَخذ و ترتیب دیے جا رہے ہیں؟ ان سوالات کا جواب سائنس نہیں دے سکتی، اور اس لئے نہیں دے سکتی کہ یہ اس کے دائرۂ اختیار میں ہی نہیں آتے، اس کے لئے مذہب کی جانب رجوع کرنا ہوگا، اور یہی وہ ذریعہ ہے جو انسان کی تشنگی بجھا سکتا ہے۔

سائنس اور مذہب؛ مفاہمت کا طریقہ کار

سائنس اور مذہب کے مابین مفاہمت کا درست اور قابل عمل طریقہ کار یہی ہے کہ اس ضمن میں پھیلی ہوئی غلط آرا، غلط خیالات و تصورات اور فضا کو پراگندہ کرنے والی غلط فہمیوں کو دور کیا جائے، خصوصاً اسلام کے حوالے سے یہ بات واضح کردی جائے کہ سائنسی ایجادات اور اسلامی تعلیمات میں کوئی تباین نہیں، کوئی تضاد نہیں ہے۔ اور اگر کسی مقام پر ایسا نظر بھی آتا ہے، تو وہ عارضی ہے، اور اسلامی تعلیمات کی کنہ اور حقیقت تک رسائی حاصل نہ ہوسکنے کا نتیجہ ہے یا سائنسی تجربے اور مشاہدے کا نقص ہے۔

دوسرا اہم نکتہ یہ ہے کہ "سائنس علت و معلول کی ہر کڑی میں غایت (Purpose) کو ضرور شامل کرے، اگر اس نے سلسلہ واقعات کی ہر کڑی میں غایت کو تسلیم کرلیا تو اس کا مطلب یہ ہوگا کہ اس نے خدا کے وجود کو تسلیم کرلیا، اس کے ضابطہ اخلاق کو تسلیم کرلیا۔ یومِ حساب کو تسلیم کرلیا، اور سائنس کی سرکشی نے خدا کے وجود کے آگے ہتھیار ڈال دیئے۔(۷)

یہ بات بھی قابل غور ہے کہ یہ شرط کوئی نئی نہیں، نہ پہلی بار پیش کی گئی ہے، نہ سائنس اس سے ناآشنا ہے، بلکہ اس شرط کے ذریعے سائنس کو اس کا بھولا ہوا سبق پھر سے یاد کرایا جارہا ہے اور اسے اس بات کی دعوت دی جارہی ہے جس پر وہ اس سے پہلے خود قائم تھی۔ برٹرینڈ رسل کہتا ہے

"سائنس کے دائرۂ کار میں یہ بات پہلے بھی شامل رہی ہے، لامذہبیت اختیار کرنے سے پہلے تک سائنس واقعات کے ہر سلسلے کو مذہب کی طرح علت، معلول اور غایت پر منحصر سمجھا کرتی تھی۔"(۸)

پھر اہم بات یہ ہے کہ غایت کو اگر سائنس میں شامل کرلیا جائے تو مطالعہ سائنس

میں زیادہ معنویت پیدا ہوسکتی ہے، ایک فاضل محقق کے بقول: "غایت کو سائنس میں شامل کرلینے سے ہر مضمون میں علت اور معلول کی حکمتوں تک انسان کی رسائی ہوسکے گی، اس کے بعد سائنس کا مطالعہ زیادہ بامعنی ہوجائے گا۔ اس کام میں مسلمان سائنس دانوں پر بہت اہم ذمہ داری عائد ہوتی ہے۔ ہم اس اُصولِ مفاہمت کے مذہبی سطح پر پہلے ہی سے قائل ہیں، اس لئے ہمیں چاہئے کہ اس اُصول کو سائنس کی آئیڈیالوجی بنائیں، اور اس آئیڈیالوجی سے عالمی سائنس کو روشناس کرائیں۔"(۹)

سائنس کی ایک اہم ضرورت: یہ گفتگو اس اعتبار سے تھی کہ سائنس مذہب کا انکار کرکے جن خطرات سے دوچار ہورہی ہے، ان سے بچنے کا محفوظ طریقہ مذہب کے زیرِ سایہ آجانے کے سوا کچھ نہیں ہے، یہی فطرت کا تقاضا بھی ہے۔ لیکن ایک اور پہلو سے بھی سائنس کو مذہب کی چھتری درکار ہے، سائنس نے انکشافات و اکتشافات کے میدان میں تو یقیناً بے حد ترقی کرلی ہے، مگر وہ اخلاقیات اور نفسیات کے میدان میں بہت پیچھے ہے، ان میدانوں میں اس کے انحطاط پر یہ کہنا بھی صحیح ہے کہ سائنس جوں جوں آگے بڑھ رہی ہے، اخلاقیات کے میدان میں اس کا تنزل اور انحطاط اسی رفتار سے زیادہ ہورہا ہے۔(۱۰)

ان حالات میں خصوصاً کسی ایسی رکاوٹ کی ضرورت ہے، جو سائنس کو ان تنزلیوں کا شکار ہونے سے روک سکے، اور اسے ایک ایسا مربی درکار ہے، جو اسے بتا سکے کہ اسے کیا کرنا ہے، اور کن اُمور سے اپنے آپ کو باز رکھنا ہے؟ مختصر لفظوں میں یہ کہ اس کی حدودِ کار کیا ہیں؟ جدید سائنسی تحقیقات و ایجادات کے بعد اس کی ضرورت یوں بھی بڑھ گئی ہے کہ ان کے نتیجے میں ایسے عوامل سامنے آرہے ہیں، جن کی موجودگی پوری انسانیت کے لئے خطرہ بن رہی ہے۔ ان کی مثال میں دو چیزوں: مہلک ایٹمی و جراثیمی ہتھیار اور سائنسی

ایجادات سے متاثر ہونے والے عالمی ماحول کو پیش کیا جاسکتا ہے، جنہوں نے پوری دنیا میں موجود امن پسند اور دردِ دل رکھنے والے اصحابِ علم اور اصحاب فکر و نظر کو جھنجھوڑ کر رکھ دیا ہے۔

اس خطرے کو بھی مذہب اور بالخصوص اسلام ہی ٹال سکتا ہے جو اس سمت میں بھی واضح اور دوٹوک رہنمائی کرتا ہے۔ اس کا سادہ اور واضح اُصول یہ ہے کہ جو چیزیں انسانیت کے لئے مفید ہیں، وہ اختیار کرنا ضروری ہیں۔ اور جن سے انسانوں بلکہ کائنات کو کسی بھی قسم کے ضرر پہنچنے کا خدشہ ہو تو اس سے احتراز ضروری ہے، اور اگر اس سے فوائد بھی وابستہ ہوں تو ایسی تدابیر اختیار کی جائیں، جن سے اس کی مضرت ختم ہو جائے... یہ ہے اسلامی نقطہ نظر کا خلاصہ!

یہ صورتِ حال عرصے سے اہل علم کو مضطرب کئے ہوئے ہے اور اس کا احساس غیر مسلم مفکرین کو بھی ہے، اور غور و فکر کے بعد وہ بھی اِسی نتیجے پر پہنچے ہیں کہ اس مشکل سے نکلنے کا واحد حل مذہب ہے۔

ریان اپیل یارڈ (Reyenaple Yard) اپنی کتاب عصر حاضر کی تفہیم (Understanding the Present) میں اس موضوع پر بحث کرتے ہوئے لکھتا ہے: "سائنس کی کوئی اخلاقیات یا ایمان نہیں ہے، اور وہ ہمیں ہماری حیات کے معنی، مقصد اور اہمیت کے بارے میں کچھ نہیں بتاتی، لیکن پریشانی کی بات یہ ہے کہ لوگوں کو یہ باور کرایا جاتا ہے کہ سائنس کی فیضا تیکار کردگی ثابت کرتی ہے کہ وہ سب چیزیں مہیا کر سکتی ہے۔ لوگوں میں اس غلط خیال کو مستحکم کرنے میں سائنسی لٹریچر پیدا کرنے والوں کا بڑا ہاتھ ہے، جو عموماً ناقص بلند آہنگ اور اکثر غلط ملط مقبولِ عام لٹریچر لکھتے رہتے ہیں۔ ضرورت اس بات کی ہے کہ سائنس کو واپس کھینچ کر ثقافت و تہذیب کے دائرے میں لایا

جائے، تاکہ اس کے بدترین استعمالات اور بھیانک دعوؤں کو لگام دی جاسکے۔"(۱۱)

ایک اور دانشور جو خود بھی فزکس کے پروفیسر ہیں، فرٹ جوف کیپر نے سائنس کے فروغ اور سائنسی رجحانات میں اضافے سے پیدا ہونے والی صورتحال پر تبصرہ کیا ہے، وہ لکھتے ہیں: "ہماری صدی، یعنی بیسویں صدی کے گذشتہ دو دہے کے آغاز میں ہم اپنے آپ کو گھرے عالمگیر بحران کی حالت میں پاتے ہیں، یہ مختلف الجہات بحرانوں کا مجموعہ ہے۔ جس کے اثرات ہماری زندگی کے تمام پہلوؤں یعنی صحت اور سامان زندگی، ماحول کی کیفیت، سماجی تعلقات، معیشت، صنعت اور سیاست کو چھوتے ہیں۔ یہ بحران، ذہنی، اخلاقی اور روحانی سمت کا ہے۔ یہ بحران ہے میزان اور ضرورت کا، جس کی کوئی نظیر انسانی تاریخ میں نہیں ملتی، پہلی مرتبہ ہمیں نسل انسانی اور اس کے کرۂ ارض کے تمام جانداروں کو ہلاکت کی حقیقی دھمکی کا سامنا کرنا پڑا ہے۔"(۱۲)

آگے چل کر کیپر، نیوٹن کے نظریۂ حرکت کے طبیعاتی دنیا میں انقلابی اثرات پر گفتگو کرتے ہوئے کہتا ہے:

"مطلق عالمگیر مشین کی اس تصویر میں ایک خارجی خالق مضمر ہے، یعنی ایک شہنشاہ خدا، جس نے دنیا میں اپنے آسمانی قوانین کے نفاذ کے ذریعے حکومت کی ہے، طبیعاتی مظاہر کو کسی بھی معنی میں بجائے خود آسمانی نہیں سمجھا گیا، اور سائنس نے ایسے کسی خدا پر یقین کو زیادہ سے زیادہ مشکل بنا دیا اور تقدس سائنس کے عالمی نظریے سے مکمل طور پر غائب ہو گیا، جس کے نتیجے میں روحانی خلا پیدا ہوا، جو ہمارے تہذیبی دھارے کی خصوصیت بن گیا ہے۔"(۱۳)

اس گفتگو کا خلاصہ یہ ہے کہ ان دو وجوہ کی بنا پر، جن میں پہلی وجہ سائنس کے فروغ سے روحانی دنیا میں پیدا ہونے والا خلا ہے، اور دوسری وجہ اخلاقی، تہذیبی اور ثقافتی بحران

ہے، سائنس کے لئے مذہب کو قبول کرنا ضروری ہو گیا ہے۔

پھر اہم بات یہ ہے کہ اسلام سائنس کو نہ صرف قبول کرتا ہے، بلکہ وہ خود تجربے اور مشاہدے نیز غور و فکر کی دعوت دیتا ہے، البتہ اس کا مدعا اس سے یہ ہوتا ہے کہ انسان اس تدبر اور غور و فکر کے ذریعے اس کائنات کے ربّ تک پہنچ سکے، اور پھر بعد کے اقدام کے طور پر وہ اس کے احکامات کی بھی بجا آوری کر سکے، یہی انسانیت کی معراج ہے اور یہی اسلام کا مطالبہ ہے!!

قرآن اور سائنس

قرآنِ حکیم کتابِ حکمت اور صحیفہ ہدایت ہے۔ اس کے پیش نظر انسانیت کی رہنمائی ہے، تاکہ شاہراہِ زیست پر سفر کرتے ہوئے اسے کسی قسم کی دقت اور پریشانی کا سامنا نہ کرنا پڑے۔ لیکن اس کے ساتھ ساتھ قرآنِ حکیم کا یہ بھی اعجاز ہے کہ اس میں دیگر علوم و فنون کی جانب بھی رہنمائی ملتی ہے۔ اس سلسلے میں بہت سے شواہد موجود ہیں، ابو بکر ابن العربیؒ کے بقول

"قرآنِ حکیم ستتر ہزار چار سو پچاس علوم پر مشتمل ہے۔ یہ عدد قرآنی کلمات کو چار سے ضرب دینے سے حاصل ہوتا ہے۔ کیونکہ قرآن کریم کے ہر کلمے کی چار حالتیں ہیں: ایک اس کا ظاہر و باطن ہے، اور ایک حد و مطلع۔ یہ اس صورت میں ہے جب قرآن کے کلمات کو انفرادی اعتبار سے ترکیب کے بغیر دیکھا جائے، اگر کتاب کی تراکیب وغیرہ پر غور و فکر کیا جائے تو اس کی (حالتوں اور اسی اعتبار سے اس کے علوم و فنون کی) تعداد شمار و حساب سے باہر ہو جاتی ہے۔" (۱۴)

ابن العربیؒ (مصنف عارضۃ الاحوذی) کے اس بیان پر تبصرہ کرتے ہوئے علامہ سیوطیؒ لکھتے ہیں: "کتابِ خداوندی ہر چیز کی جامع ہے، کوئی علم اور مسئلہ ایسا نہیں جس کی

اصل و اساس قرآنِ کریم میں موجود نہ ہو، قرآن میں عجائب المخلوقات، آسمان وزمین کی سلطنت اور عالم علوی و سفلی سے متعلق ہر شے کی تفصیلات موجود ہیں، جن کی شرح و تفصیل کے لئے کئی جلدیں درکار ہیں۔"(۱۵)

اسی اعتبار سے قرآنِ حکیم میں سائنسی علوم کی جانب بھی راہنمائی ملتی ہے، اگرچہ یہ چیز قرآن نقطہ نظر سے مطلوبِ اوّل نہیں ہے۔ ذیل میں ایسی چند آیات پیش کی جاتی ہیں:

۱. قرآنِ حکیم انسان کے جنین کے ارتقائی مراحل ذکر کرتے ہوئے کہتا ہے:

﴿وَلَقَد خَلَقنَا الإِنسـٰنَ مِن سُلـٰلَةٍ مِن طينٍ ١٢ ثُمَّ جَعَلنـٰهُ نُطفَةً فى قَرارٍ مَكينٍ ١٣ ثُمَّ خَلَقنَا النُّطفَةَ عَلَقَةً فَخَلَقنَا العَلَقَةَ مُضغَةً فَخَلَقنَا المُضغَةَ عِظـٰمًا فَكَسَونَا العِظـٰمَ لَحمًا ثُمَّ أَنشَأنـٰهُ خَلقًا ءاخَرَ ۚ فَتَبارَكَ اللَّهُ أَحسَنُ الخـٰلِقينَ ١٤﴾... سورة المؤمن "اور ہم نے انسان کو مٹی کے خلاصے (جوہر) سے بنایا، پھر ہم ہی نے اس کو حفاظت کی جگہ (رحم مادر) میں نطفہ بنا کر رکھا۔ پھر ہم نے اس نطفے کو خون کا لوتھڑا بنایا، پھر ہم ہی نے اس لوتھڑے سے گوشت کی بوٹی بنائی، پھر ہم ہی نے اس بوٹی سے ہڈیاں بنائیں، پھر ہم ہی نے ان ہڈیوں پر گوشت چڑھایا۔ پھر ہم ہی نے اس کو ایک نئی صورت میں (انسان بنا کر) اُٹھا کھڑا کیا تو اللہ بڑا ہی برکت والا، سب سے بہتر بنانے والا ہے۔"

۲. قرآن حکیم میں پہاڑوں کو 'میخیں' کہا گیا ہے، ارشادِ باری تعالیٰ ہے:

﴿أَلَم نَجعَلِ الأَرضَ مِهـٰدًا ٦ وَالجِبالَ أَوتادًا ٧﴾... سورة النباء "کیا ہم نے تمہارے لئے زمین کو فرش، اور پہاڑوں کو میخیں نہیں بنایا؟"

۳. سمندر یا دریا کے دو مختلف الاقسام پانیوں کے بارے میں قرآنِ حکیم میں فرمایا:

﴿وَهُوَ الَّذى مَرَجَ البَحرَينِ هـٰذا عَذبٌ فُراتٌ وَهـٰذا مِلحٌ أُجاجٌ وَجَعَلَ بَينَهُما بَرزَخًا

وَحِجْرًا مَّحْجُورًا ۵۳﴾... سورۃ الفرقان

"اور (اللہ) وہی ہے، جس نے دو دریاؤں کو چلایا، ایک میٹھا پیاس بجھانے والا، اور ایک کھارا کڑوا، اور دونوں کے درمیان ایک رکاوٹ اور آڑ بنادی۔"

۴. بادلوں اور اولوں کے بارے میں قرآنِ حکیم میں ارشاد ہے:

﴿أَلَمْ تَرَ أَنَّ اللَّهَ يُزْجِي سَحَابًا ثُمَّ يُؤَلِّفُ بَيْنَهُ ثُمَّ يَجْعَلُهُ رُكَامًا فَتَرَى الْوَدْقَ يَخْرُجُ مِنْ خِلَالِهِ وَيُنَزِّلُ مِنَ السَّمَاءِ مِن جِبَالٍ فِيهَا مِن بَرَدٍ فَيُصِيبُ بِهِ مَن يَشَاءُ وَيَصْرِفُهُ عَن مَّن يَشَاءُ ۖ يَكَادُ سَنَا بَرْقِهِ يَذْهَبُ بِالْأَبْصَارِ ۴۳﴾... سورۃ النور

"کیا تم نے نہیں دیکھا کہ اللہ بادلوں کو چلاتا ہے، پھر وہ ان کو ملا دیتا ہے، پھر وہ ان کو تہ بہ تہ کر دیتا ہے، پھر تو دیکھتا ہے کہ ان کے درمیان سے مینہ برستا ہے، وہی اللہ آسمان میں پہاڑ جیسے بادلوں میں سے اَولے برساتا ہے، پھر جس پر چاہتا ہے ان (اَولوں) کو گرا دیتا ہے، اور جس سے چاہتا سے روک لیتا ہے۔ اس کی بجلی کی چمک ایسی ہے کہ گویا آنکھوں کی بینائی لے جائے۔"

۵. انسانی جلد کی حسی کیفیات اور حقیقت کی جانب اشارہ کرتے ہوئے قرآن حکیم فرماتا ہے:

﴿إِنَّ الَّذِينَ كَفَرُوا بِآيَاتِنَا سَوْفَ نُصْلِيهِمْ نَارًا كُلَّمَا نَضِجَتْ جُلُودُهُم بَدَّلْنَاهُمْ جُلُودًا غَيْرَهَا لِيَذُوقُوا الْعَذَابَ ۗ إِنَّ اللَّهَ كَانَ عَزِيزًا حَكِيمًا ۵۶﴾... سورۃ النساء

"بلاشبہ جن لوگوں نے ہماری آیتوں کا انکار کیا، ہم بہت جلد ان کو آگ میں ڈالیں گے، جب ان کی کھالیں جل جائیں گی، تو ہم ان کی جگہ دوسری کھال پیدا کر دیں گے، تاکہ وہ خوب عذاب چکھیں، بلاشبہ اللہ تعالیٰ زبردست حکمت والا ہے۔"

قرآن حکیم کی ان کئی سو آیات میں سے، جن میں سائنسی حقائق کی جانب اشارہ موجود ہے، یہاں صرف چند آیات نقل کی گئیں، تاکہ یہ امر واضح ہو سکے کہ اسلام اور سائنس باہم متعارض حقیقتوں کے نام نہیں، بلکہ جدید سائنس خود اسلام اور اسلامی تعلیمات کا اثبات کر رہی ہے، اور ایسے کتنے ہی مسائل ہیں، جن کے بارے میں جب اسلام نے حکم دیا تھا تو لوگوں کے سامنے اس کی علت اور سبب نہیں تھا، مگر لوگ امر تعبدی قرار دے کر اسے بجالاتے تھے، لیکن آج ان کے حقائق سامنے آچکے ہیں، اور یہ امر واضح ہو گیا ہے، ان احکامات میں بھی ہماری ہی فلاح اور بہبود مضمر تھی۔

'سائنس' قرآن کا اثبات کرتی ہے!

جیسا کہ عرض کیا گیا کہ سائنس کے جدید انکشافات و اکتشافات نے اسلام کے بیان کردہ اُصولوں کا اثبات اور ان کی تائید کی ہے، اس لئے اسلام کو سائنس کی جانب سے کوئی چیلنج درپیش نہیں ہے، بلکہ جب مذہب اور سائنس کا باہم ٹکراؤ شروع ہوا، جس کا سرسری سا تذکرہ ان سطور کے آغاز میں گزر چکا ہے، تب بھی چونکہ وہ مسئلہ عیسائیت کی محرف روایات کا تھا، نہ کہ اسلام کا، اس لئے مسلمان اس وقت بھی کسی ذہنی اُلجھن کا شکار نہیں ہوئے، اور جب مرکزیتِ آفتاب کا نقطہ نظر سامنے آیا، تو مسلم سائنس دانوں نے اسے زیادہ معقول اور مدلل پاکر بغیر کسی ہچکچاہٹ کے قبول کر لیا، پروفیسر ایڈورڈ میک برنس لکھتے ہیں: "مسلمان ماہرین فلکیات و ریاضیات، طبیعات، کیمیا، اور طب میں نہایت باکمال عالم تھے، ارسطو کے احترام کے باوجود انہوں نے اس میں ذرا تامل نہیں کیا کہ وہ اس کے اس نظریے پر تنقید کریں کہ زمین مرکز ہے، اور سورج اس کے گرد گھوم رہا ہے بلکہ انہوں نے اس اِمکان کو تسلیم کیا کہ زمین اپنے محور پر گھومتی ہوئی سورج کے گرد گردش کر رہی ہے۔"(۲۱)

ذیل میں ہم چند سائنسی مظاہر اور نئی معلومات پیش کرتے ہیں جو قرآنِ حکیم کی تائید کررہی ہے، یہ ان ہی آیات کے بارے میں ہیں، جن کا ذکر ہم ابھی ماقبل کر آئے ہیں:

(i) قرآنِ حکیم اور انسانی جنین کا ارتقا: قرآن حکیم میں انسانی جنین کے بارے میں کئی ایک مقامات پر تفصیل سے معلومات دی گئی ہیں۔ یہ وہ معلومات ہیں جو ۱۴۰۰ سو سال سے پڑھی جارہی ہیں، مگر اس صدی میں جاکر سائنس نے بھی اس امر کی تائید کردی ہے کہ یہ معلومات نہ صرف حرف بہ حرف درست ہیں، بلکہ چونکہ یہ معلومات اس وقت پیش کی گئی ہیں، جب یہ باتیں کسی کے علم میں نہیں تھیں، اس لئے قرآن حکیم اور اسلام کے آسمانی مذہب ہونے اور مبنی بر حق ہونے کی بین دلیل بھی ہیں، قرآن حکیم کی ایک آیت اس سے قبل (آیت نمبر ۱) پیش کی جاچکی ہے۔(۲۲) جس میں تفصیل کے ساتھ انسانی جنین کی تشکیل کے مراحل بیان ہوئے ہیں۔ ڈاکٹر کیتھ ایل مور (Khith L Moore) جینیات کے ایک معروف سائنس دان ہیں، انہوں نے ایک بار اس بارے میں اپنے ایک مقالے میں کہا: "یہ بات مجھ پر عیاں ہوچکی ہے کہ یہ بیانات (انسانی نشوونما سے متعلق) محمد ﷺ پر اللہ تعالیٰ کی طرف سے نازل ہوئے ہیں، کیونکہ یہ تمام معلومات چند صدیاں پہلے تک منکشف ہی نہیں ہوئی تھیں۔ اس سے یہ بات مجھ پر ثابت ہوجاتی ہے کہ (محمد ﷺ) اللہ کے پیغمبر ہیں۔"(۲۳)

انسانی جنین کی تشکیل اور ارتقا کے بارے میں سائنسی انکشافات اور توجیہات پر بہت سی کتب میں معلومات سامنے آگئی ہیں، جہاں سے یہ معلومات حاصل کی جاسکتی ہیں۔(۲۴)

(ii) پہاڑوں کے بارے میں قرآنی بیان: پہاڑوں کے بارے مین قرآنِ حکیم کا یہ

بیان گزر چکا ہے (آیت نمبر ۲) کہ ہم نے پہاڑوں کو میخیں بنایا ہے۔(۲۵) اب جدید سائنس نے بھی ثابت کر دیا ہے کہ پہاڑ سطح زمین کے نیچے گہری تہیں رکھتے ہیں (۲۶) اور یہ کہ یہ پہاڑ زمین کی تہ کو مضبوطی سے جمانے میں بھی اہم کردار ادا کرتے ہیں۔(۲۷)

(iii) سمندر اور دریاؤں کے طبعی خواص اور قرآنِ کریم: سمندر اور دریا انسان کی اہم ضرورت ہیں۔ دونوں کے پانی بھی طرح طرح کے خواص رکھتے ہیں، جس میں سے ایک کی خصوصیت یہ ہے کہ بعض مقامات پر میٹھے اور کھارے پانی یکساں چلتے ہیں، مگر باہم نہیں ملتے، اس حقیقت کو قرآن نے چودہ صدیوں قبل بیان کیا تھا، اور اس کا ذکر سطورِ بالا (آیت نمبر ۳) میں گزر چکا ہے۔(۲۸) اب جدید سائنس نے یہ معلوم کر لیا ہے کہ جہاں میٹھے اور کھارے پانی باہم ملتے ہیں، وہاں ان کے درمیان، ایک گاڑھے پانی کا حجاب ہوتا ہے جو تازہ پانی اور کھارے پانی کی پرتوں کو باہم ملنے نہیں دیتا۔(۲۹)

(iv) بادلوں اور اَولوں کے بارے میں تفصیلات اور قرآنِ کریم: بادلوں اور اَولوں کے بارے میں قرآنِ حکیم نے جو بیان ذکر کیا تھا (آیت نمبر ۴) آج وہی تفصیل سائنس بیان کر رہی ہے، مثلاً سائنس دان غور و فکر اور مشاہدے کے بعد اس نتیجے پر پہنچے ہیں کہ بارش کے بادل ان مراحل سے گزرتے ہیں، (۱) ہوا کا بادلوں کو دھکیلنا، (۲) چھوٹے بڑے بادلوں کا ملاپ، (۳) بادلوں کا انبار، جب بادل اکٹھے ہو جاتے ہیں تو یہ ہوا کی حرکت سے اَنبار کی شکل اختیار کر لیتے ہیں اور وہاں سے یہ فضا کے ٹھنڈے علاقوں تک پھیل جاتے ہیں۔(۳۰)

(v) انسانی جلد کی حسی خصوصیات اور قرآن حکیم: قرآنِ حکیم میں بیان کیا گیا ہے (آیت نمبر ۵) کہ کافروں کو جب عذاب ہو گا تو ان کی جلد تلف ہو جائے گی، اس کے بعد فوراً انہیں دوسری جلد دی جائے گی تا کہ وہ مسلسل عذاب کا مزا چکھتے رہیں، اس سے

معلوم ہوا کہ اصل میں جلد ہی تکلیف محسوس کرتی ہے۔ اب سائنس نے بھی یہ بات دریافت کرلی ہے کہ تمام تکالیف جلد ہی پر ہوتی ہیں، اور اعصاب جو درد کا اِدراک کرتے ہیں، وہ فقط جلد ہی میں پائے جاتے ہیں، مثلاً اگر جسم کے کسی حصے میں سوئی چبھوائی جائے تو درد صرف جلد میں ہو گا، اور سوئی کو جلد سے آگے گزار دیا جائے، تب بھی فی الواقع درد جلد تک محدود رہے گا، آگے گوشت میں کوئی تکلیف نہیں ہو گی۔ (۳۱)

ان سطور میں قرآنی بیانات کی سائنس سے تائید دینے کا مقصد صرف یہ ہے کہ اپنا یہ دعویٰ ثابت کر دیا جائے کہ سائنس کے بارے میں اسلام کا رویہ معاندانہ نہیں ہے، نہ مخالفانہ ہے، بلکہ وہ اسے زندگی کی دیگر دوسری ضرورتوں اور لوازم کی طرح باور کرتا ہے، اور جدید سائنس بھی قدم بہ قدم اس کے بیانات ہی کو آگے بڑھا رہی ہے۔ قرآن کریم میں پیش کردہ رہنمائی کو پیش نظر رکھ کر اگر سائنس قدم آگے بڑھائے، تو اس کے لئے حقائق تک جلد پہنچنا ممکن ہو گا۔ اس کی تائید ان چند بیانات سے ہوتی ہے، جس کی جھلکیاں اوپر پیش کی گئیں، وقت کی قلت اور مقالے کی محدود گنجائش کے سبب اس جانب چند اشارے ہی کئے جاسکے ہیں، مگر ان سطور کا مقصد اس سے ضرور حاصل ہو جاتا ہے۔

اعترافِ حقیقت

یہ بات باشعور اور علم رکھنے والے مفکرین سے بھی پوشیدہ نہیں، بلکہ سبھی اس حقیقت کو تسلیم کر رہے ہیں کہ اسلام اور سائنس دونوں آج کی زندہ ضرورتیں ہیں، جن سے اِعراض ممکن نہیں، معروف نو مسلم فرانسیسی مصنف موریس بوکائے لکھتے ہیں :

"قرآن ہمیں جہاں جدید سائنس کو ترقی دینے کی دعوت دیتا ہے، وہاں خود اس میں قدرتی حوادث سے متعلق بہت سے مشاہدات و شواہد ملتے ہیں، اور اس میں ایسی تشریحی تفصیلات موجود ہیں جو جدید سائنسی مواد سے کلی طور پر مطابقت رکھتی ہیں، یہودی،

عیسائی تنزیل میں ایسی کوئی بات نہیں۔"(۳۲)

دوسرے مقام پر مزید لکھتے ہیں: "قرآنِ کریم میں، مقدس بائبل سے کہیں زیادہ سائنسی دلچسپی کے مضامین زیر بحث آئے ہیں، بائبل میں یہ بیانات محدود تعداد میں ہیں، لیکن سائنس سے متباین ہیں۔ اس کے برخلاف قرآن میں بہ کثرت مضامین سائنسی نوعیت کے ہیں، اسلئے دونوں میں کوئی مقابلہ نہیں، مؤخر الذکر (قرآن) میں کوئی بیان بھی ایسا نہیں، جو سائنسی نقطہ نظر سے متصادم ہوتا ہو۔ یہ وہ بنیادی حقیقت ہے، جو ہمارے جائزہ لینے سے اُبھر کر سامنے آتی ہے۔"(۳۳)

اور ڈاکٹر کیتھ مور جن کا اس سے قبل بھی ایک بیان گزر چکا ہے، ان کا ایک اور بیان ملاحظہ کیجئے:

"۱۳سو سالہ قدیم قرآن میں جنینی ارتقا کے بارے میں اس قدر درست بیانات موجود ہیں کہ مسلمان معقول طور پر یہ یقین کرسکتے ہیں کہ وہ خدا کی طرف سے اُتاری ہوئی آیتیں ہیں۔"(۳۴)

خلاصہ بحث

سائنس اور مذہب کے باہمی تعلقات اور ان کے مابین مفاہمت کے بارے میں درج بالا بیانات اور سطور پر غور و فکر کرنے سے انسان دو باتیں بہت سہولت کے ساتھ اَخذ کرسکتا ہے۔ ایک یہ کہ انسان کسی بھی ذریعے سے کائنات اور اس کی اشیا کے بارے میں وہ باتیں نہ جان سکا تھا، جو قرآنِ مجید نے بتائی ہیں۔ دوسری بات یہ اَخذ کی جاسکتی ہے کہ اس کائنات کی مادّی دنیا میں جو کچھ اب تک ہو چکا ہے، جو کچھ ہو رہا ہے اور جو کچھ ہونے والا ہے، وہ صرف خدا کے حکم سے ہو رہا ہے اور اس کا کوئی کام مصلحت سے خالی نہیں ہوتا، بہ الفاظ دیگر ہر کام میں علت (Cause) اور معلول (Effect) کے علاوہ

غایت (Purpose) بھی لازماً کار فرما ہے، اور کائنات کی ہر شئے اور اس کا ہر قدم اسی سہ رکنی عمل کا نتیجہ ہے۔(۳۵)

اس لئے ہمیں باہمی مشترک قدروں کو اپناتے ہوئے اور تمام مادّی وسائل بروئے کار لاتے ہوئے، انسانی زندگی کے دونوں اہم پہلوؤں اور انسانی زندگی کی دونوں اہم ضرورتوں کو، ان کی ضرورت، حق اور حیثیت کے مطابق ان کا حق دینا ہوگا۔ نہ تو مذہب کے فرضی اور دیو مالائی مفروضات اختیار کر کے ہم سائنس سے دور رہ سکتے ہیں، نہ سائنس کو خدا کا درجہ دے کر خالق حقیقی سے اپنی زندگیوں کو خالی رکھ سکتے ہیں اور اگر بالفرض ایسا کریں گے بھی تو کامیابی کی راہ سے دور ہوتے چلے جائیں گے اور فلاح کی جگہ ناکامی ہمارا مقدر بنے گی۔

حواشی و حوالہ جات

۱۔ مولانا وحید الدین خان، اسلام اور عصر حاضر، فضلی سنز پرائیویٹ لمیٹڈ کراچی، ۱۹۹۶ء، ص ۱۱۳، کسی قدر اضافے اور ترمیم کے ساتھ یہ تفصیل اسی کتاب سے ماخوذ ہے۔

۲۔ نفس مصدر، ص ۱۱۲، نیز دیکھئے: سائنس اور مذہب میں مفاہمت، حفیظ الرحمن صدیقی، مشمولہ سہ اشاعتی آیات، مدیر ڈاکٹر محمد ریاض کرمانی، مرکز الدراسات العلمیہ، علی گڑھ، ج سوم، ش اوّل، جنوری تا اپریل ۱۹۹۲ء ص ۳۷۔ ستم بالائے ستم یہ ہوا کہ کوپرنیکس کے نظریے کے بعد گلیلیو (۱۶۲۴ تا ۱۵۶۲ئ) نے بھی اس کی تائید کر دی، اور یوں ان کے ہاں ایک تقدس پا جانے والا نظریہ غلط ٹھہرا، اس کی یہ تغلیط خالصتاً ایک علمی بحث تھی، جیسا کہ آگے چل کر بیان ہوگا کہ مسلم دنیا نے اسے ایک علمی بحث کے طور پر ہی لیا۔ مگر ایک غلط نظریے کی تغلیط بد قسمتی سے عیسائیت کی تغلیط سمجھ لی گئی، جس کے نتیجے میں بعد میں افسوسناک واقعات رونما ہوئے۔

۳۔القرآن، سورۂ فاطر، آیت ۲۸ ۴۔اسلام اور عصر حاضر، ص۱۱۴

۵۔Georee Herbert Blount, The Evidence of God, p.۱۳۰

۶۔ Cecil Boyce Hamann,The Evidence of God in an Expanding Universe. p.۲۲۱ ۷۔حفیظ الرحمن صدیقی، سائنس اور مذہب میں مفاہمت، مشمولہ سہ اشاعتی آیات، مدیر ڈاکٹر محمد ریاض کرمانی، مرکز الدراسات العلمیہ، علی گڑھ، ج سوم، ش اوّل، جنوری، اپریل ۱۹۹۲ئ، ص۴۱

۸۔ Bertrand Rusel, The Impact of Science on Society, London,۱۹۵۲ P.۱۸-۱۹

۹۔حفیظ الرحمن صدیقی، محولہ بالا۔ ۱۰۔ملاحظہ کیجئے راقم کا مضمون 'مغرب کا سائنسی ونفسیاتی زاویۂ فکر، تدریج وارتقا، سہ ماہی منہاج، مدیر حافظ سعد اللہ، دیال سنگھ ٹرسٹ لائبریری، لاہور، ستمبر ۲۰۰۲ء

۱۱۔سائنس اور آج کی دنیا، ماہنامہ ترجمان القرآن لاہور، دسمبر ۱۹۹۴ء

۱۲۔دیکھئے فرٹ جوف کیپر کی کتاب ٹرننگ پوائنٹ (The Turning Poing, p.۲۱) ۱۳۔محولہ بالا

۱۴۔جلال الدین سیوطی، الاتقان فی علوم القرآن، مصطفیٰ البابی الحلبی، مصر، ۱۳۲۹ھ، ج۲، ص۱۳۸۔

۱۵۔جلال الدین سیوطی، ج۲، ص۱۳۰ ۱۶۔القرآن، سورہ المومنون، آیت ۱۴، ۱۳، ۱۲

۱۷۔القرآن، سورۃ النبائ، آیت ۶-۷ ۱۸۔القرآن، سورۃ الفرقان، آیت ۵۳

۱۹۔القرآن، سورۃ النور، آیت ۴۳ ۲۰۔القرآن، سورۃ النساء، آیت ۵۶

Edward Mc Burns/Western Civilizations/ W.W. -۲۱

Narton Companying Ny. p.۲۶۴

۲۲۔ملاحظہ کیجئے حوالہ نمبر ۱۶ ۲۳۔ڈاکٹر حافظ حقانی میاں قادری،سائنسی انکشافات، دارالاشاعت، کراچی ۲۰۰۰ئ، ص۷۶

۲۴۔ملاحظہ کیجئے مذکورہ کتاب کے صفحات ۵۹تا۴۷ ۲۵۔ملاحظہ کیجئے حوالہ نمبر ۱۷

The Geological Concept of Movntain in the Quran. -۲۶

p.۵

۲۷۔ایضاً ص ۴۵، ۴۴ ۲۸۔ملاحظہ کیجئے حوالہ نمبر ۱۸ ۲۹۔سائنسی انکشافات، ص۱۵۰

۳۰۔ایضاً، ص۱۶۲ ۳۱۔ایضاً، ص۱۷۴ ۳۲۔موریس بوکائے، بائبل، قرآن اور سائنس، ترجمہ ثناء الحق صدیقی، ادارۃ القرآن، کراچی، ۱۹۹۳ئ، ص۱۸۷

۳۳۔ایضاً، ص۲۱ ۳۵۔حفیظ الرحمن صدیقی: ص۳۹

۳۴۔ڈاکٹر حافظ حقانی میاں قادری، قرآن، سائنس اور تہذیب و تمدن، دارالاشاعت کراچی، ۱۹۹۹ئ، ص۶

(۳) علم ریاضی سے مسلمانوں کا اعتنا

اختر راہی

ریاضی غالباً تاریخ انسانیت کا قدیم ترین علم ہے۔ جوں ہی انسان نے شہری زندگی اختیار کی۔ ناپ تول اور پیمائش کے لئے چند واضح اصولوں کی ضرورت نے ریاضی کی داغ بیل ڈال دی۔ تاریخ کے ساتھ ساتھ اس سرمائے میں اضافہ ہوتا رہا۔ ہر قوم نے اپنے دورِ عروج میں ریاضی کو اپنی توجہ کا مرکز بنایا۔

ریاضی کی ایک شاخ "علم ہندسہ" (Geometery) ہے جس کے بارے میں کہا جاتا ہے کہ اس کا آغاز مصر کی سرزمین سے ہوا۔ مصری لوگ اس علم کا اطلاق زمین کی پیمائش پر کرتے تھے۔ اہرامِ مصر کو دیکھتے ہوئے اس خیال کی توثیق ہو جاتی ہے کہ وہ لوگ ہندسہ میں مہارتِ تامہ رکھتے تھے۔ مصری جریب کش (Rope Stretcher) ہندسہ کے اہم اصولوں سے واقف تھے۔ وہ جانتے تھے کہ جس مثلث کے اضلاع تین چار اور پانچ کی نسبت میں ہوں وہ قائم الزاویہ ہوتی ہے۔

یونانی مورخ ہیروڈٹس لکھتا ہے کہ ۴۰۰ (ق۔م میں مصریوں کے کھیت چوکور اور بالخصوص مستطیل شکل کے ہوتے تھے۔ بابل کے پیش گو بھی ہندسہ سے واقف تھے اور وہ اپنے زائچوں میں ہندسی اشکال کا استعمال کرتے تھے۔ بابل اور مصر میں مکانوں کی چھتں اور دیواروں پر ہندسی اشکال بنائی جاتی تھیں۔

حکیم احمز (Ahmes) پہلا مہندس ہے جس نے ۷۰۰ اق۔م میں مسطحات کے چند

اصول لکھے تھے۔ یہ اوراق برٹش میوزیم میں موجود ہیں۔

یونان میں علمِ ہندسہ کا حقیقی آغاز حکیم تھیلز (Theles) سے ہوا۔ کیم تھیلز ملٹس (Miletus) میں ۶۴۰۔ق۔م میں پیدا ہوا اور اس نے ایتھنز (۵۴۸۔ق۔م۔) وفات پائی۔ تھیلز مصر میں بغرضِ تعلیم آیا تھا اور اسے علم ہندسہ سے دلچسپی پیدا ہو گئی تی۔ یونا واپس جا کر اس نے ملٹس میں ایک مدرسہ کھولا جہاں علم ہندسہ کی تعلیم کو بنیادی اہمیت حاصل تھی۔

"راسی متقابلہ زاویوں کی مساوات" اور "متساوی الساقین کے قاعدہ کے زاویوں کی مساوات" سے تھیلز بخوبی واقف تھا۔ وہ یہ بھی جانتا تھا کہ نصف دائرے کا زاویہ قائمہ ہوتا ہے۔ ایک ضلع اور دو زاویوں سے وہ مثلث بنانا جانتا تھا۔ اس نے اہرامِ مصر کی بلندی ہندسی طریقے سے معلوم کی تھی۔ اسی طرح سمندر میں جاتے ہوئے جہاز کے فاصلے کا اندازہ لگانے کے لئے اس نے ہندسی طریقے اختیار کیے تھے۔

تھیلز (Theles) کے بعد اس علم کو اس کے نامور شاگرد فیثا غورث نے چار چاند لگائے۔ اس نے ریاضی دانوں کو جمع کیا اور ایک انجمن تشکیل کی جو فیثا غورثی برادری (Pythagoream Brotherhood) کہلاتی ہے۔ اس نے کروٹونا (Crotona) میں ریاضی کا مدرسہ کھولا۔ اس نے مثلث اور منتظم کثیر الاضلاع کے زاویوں کی مقدار کے اصول وضع کئے۔ وہ مثلث کو مساوی الرقبہ متوازی الاضلاع میں تحویل کرنے کے طریقے سے واقف تھا۔ تناسب (Proportion) مقادیر اصم (Surd) کی ہندسی طریقے سے وضاحت کر سکتا تھا۔

فیثا غورث کی قائم کردہ انجمن کے ارکان انسگنیا (Insignia) کے طور پر منتظم مخمس کا نشان استعمال کرتے تھے۔

اس کے بعد علم ہندسہ کی خاصی ترقی ہوئی۔ چوتھی صدی قبل مسیح میں کئی مہندس پیدا ہوئے۔ ان میں ہپوکرٹس (Hippocrates) نمایاں ہستی ہے۔ ہپوکرٹس کا کارنامہ یہ ہے کہ اس نے پہلی بار زاویوں کے راس پر حروف لکھ کر پڑھنے کا طریقہ اختیار کیا۔

افلاطون (۴۲۷ق۔م تا ۳۴۷ق۔م) نے ایتھنز سے باہر درختوں کے جھنڈ میں علمی ادارہ قائم کیا جس کا نام "اکیڈمی" رکھا، اکیڈمی کے دروازے پر مرقوم تھا:
"ریاضی سے نابلد شخص کو اندر داخل ہونے کی اجازت نہیں۔"

افلاطون نے ہندسی اصطلاحات کی وضاحت کی۔ اس نے ہندسی اشکال، پرکار اور پیمانے سے بنانے کے اصول وضع کئے۔ اس نے ہندسی مسائل کے ثبوت کے لئے اثباتی طریقہ رائج کیا۔

حکیم افلاطون کا نامور شاگرد یوڈوکس (Eudoscus) نے متناسب اور مشابہ اشکال پر تفصیلی بحث کی ہے۔ اس نے خط زریں تقسیم (Golden Section) کا طریقہ معلوم کیا اور اہرامِ مصر کے حجم کا اندازہ لگایا۔

حکیم ارسطو نے طبعی مسائل کے حل میں ہندسی طریقے برتے۔ چنانچہ اس دور میں مہندسین نے تمام مسائل کی تدوین کی کوشش کی۔ اس قسم کے کام میں اقلیدس ( ) کو نمایاں مقام حاصل ہے۔

اقلیدس یونانی مہندس تھا جو اسکندریہ کی یونیورسٹی میں ریاضی کا پہلا پروفیسر مقرر کیا گیا تھا۔ یہ یونیورسٹی شاہ بطلیموس (Plotomy) نے ۳۰۱ق۔م میں قائم کی تھی۔ اقلیدس نے علم ہندسہ کی سب سے پہلی باضابطہ کتاب لکھی تھی۔ یہ کتاب "مبادیات" (Elements) کے نام سے مشہور ہوئی۔ "مبادیات" تیرہ ابواب پر مشتمل ہے۔ کہا جاتا ہے کہ مذہبی کتابوں کو چھوڑ کر کسی یونانی تصنیف کو اس قدر نہیں پڑھا گیا اور کسی دوسری

کتاب کے اس قدر تراجم نہیں ہوئے۔ قرون وسطیٰ میں تقریباً ہر ملک میں یہ کتاب شاملِ نصاب تھی۔ برصغیر پاک و ہند میں بھی بیسویں صدی تک مبادیات کے پہلے چار حصے نصاب میں شامل رہے تھے۔

مبادیات سب سے پہلے لاطینی زبان میں ۱۴۸۲ء میں منتقل ہوئی۔ اقلیدس کے پیش کردہ ہندسی حل آج بھی پڑھے جاتے ہیں۔ اقلیدس نے فیثا غورث کے مسئلے کا جو حل پیش کیا آج تک مروج ہے۔

حکیم اقلیدس کے بعد ارشمیدس، ہیرو اور حکیم اپولونیس (Applonius) اہم مہندس گزرے ہیں۔ ارشمیدس نے پائی () کی قیمت معلوم کی۔ ہیرو نے مثلث کا رقبہ معلوم کرنے کا کلیہ دریافت کیا۔

مثلث کا رقبہ جب کہ ا، ب اور ج مثلث کے ضلعوں کی پیمائشیں ہیں۔ اور "ص" تینوں ضلعوں کے مجموعے کا نصف ہے یعنی

کلیہ

حکیم اپولونیس نے مشہور مسئلے کا حل پیش کیا کہ "ایک مثلث کے دو ضلعوں پر کے مربعوں کے مجموعے تیسرے ضلعے کے نصف اور تیسرے ضلعے کے وسطانیے پر کے مربعوں کے دوچند مجموعے کے تیسرے ضلعے کے وسطانیے پر کے مربعوں کے دوچند مجموعے کے برابر ہوتا ہے۔"

۱۴۶ ق۔م میں یونان اور ۳۰ ق۔م میں مصر کو رومیوں نے فتح کر لیا اور دونوں ملکوں کو سلطنت روما کا حصہ بنالیا۔ مصر و یونان پر قابض ہونے کے باوجود رومیوں نے علم ہندسہ کے سلسلے میں اقلیدس کی "مبادیات" ہی کا ترجمہ کیا اور یہی ان کی درس گاہوں میں شاملِ نصاب رہا۔

۶۲۲ء میں اسلامی مملکت "مدینہ" کی بنیاد رکھی گئی اور ۶۳۰ء (۸ھ) میں جزیرہ نمائے عرب اسلامی مملکت میں شامل ہوا۔ تین سال بعد (۱۱ھ) میں آنحضرت ﷺ دنیا سے تشریف لے گئے اور ان کے جانشین حضرت ابو بکرؓ صدیق (م ۱۳ھ) ہوئے۔ خلافت راشدہ کا نصف اول توسیع مملکت اور حسن انتظام میں گزرا اور باقی نصف خانہ جنگی کی نذر ہوا۔ اس لئے اس تیس سالہ دور میں مسلمان دوسری اقوام کے علوم وفنون کی طرف توجہ نہ دے سکے۔

خلافت راشدہ کے بعد حکومت کی باگ دوڑ خاندانِ اُمیہ کے ہاتھوں میں منتقل ہو گئی۔ اس خانوادے کا درویش صفت خلیفہ خالد بن یزید علم پرور اور علم دوست شخص تھا۔ خالد نے مصر سے یونانی حکماء کو بلا کر کیمیا اور طب و نجوم کی کتابوں کے عربی تراجم کرائے دوسرے لفظوں میں اسلامی حکومت کو تین چوتھائی صدی بھی نہ گزرنے پائی تھی کہ طبیعاتی علوم کے مطالعے کا ذوق مسلمانوں میں پھیلنے لگا۔

(۱۳۲ھ) کو اقتدار اموی خاندان سے عباسی خاندان کو منتقل ہو گیا۔ اس خاندان سے عباسی خاندان کو منتقل ہو گیا۔ اس خاندان کا پہلا حکمران سفاح ۷۵۳ (۱۳۶ھ) میں فوت ہوا اور ابو جعفر منصور (م ۱۵۷ھ) تخت نشین ہوا۔ اسی خلیفہ کے دورِ حکومت میں بغداد کی تعمیر ہوئی۔ ابن اثیر ۱۴۵ھ کے واقعات میں لکھتا ہے۔

"عباسی خلیفہ ابو جعفر منصور نے مختلف صوبوں کے حکام کو لکھا کہ ان کے یہاں جو معمار مزدور اور قابل اعتماد "مہندس" ہوں۔ انہیں بغداد کی تعمیر کے لئے روانہ کر دیا جائے۔"

ابو جعفر منصور کو یونانی کتابوں سے جو عشق تھا اس کا اندازہ اس سے ہو سکتا ہے کہ:

"ابو جعفر نے ملک روم کے پاس پیغام بھیجا کہ کتب تعالیم کا ترجمہ کر کے اس کو

بھیجے۔ ملک روم نے کتاب اقلیدس اور چند کتب طبیعات ارسال کیں۔''

اقلیدس کے تراجم:

چنانچہ اقلیدس کی ہندسی تالیف ''مبادیات'' کا عربی میں ترجمہ ہوا۔ اس کتاب کا دوسرا نام ''الأصول'' اور ''کتاب الأرکان'' بھی ہے ابن خلدون کے بیان کے مطابق مسائل کی شرح و بسط کے لحاظ سے یہ کتاب طلبہ کیلئے نہایت موزوں اور مناسب تھی۔ مختلف ترجموں کے لحاظ سے اس کے مختلف نسخے رائج ہیں۔

منصور کے زمانے میں ہونے والا ترجمہ دست برد زمانے سے نہ بچ سکا۔ تاریخ بھی اس بارے میں خاموش ہے۔ اس کے بعد ترجمے ہوئے۔ ان کی سلاست اور روانی نے پہلے ترجموں کو مٹا ڈالا۔ ہارون الرشید کے دور (۱۷۰ھ۔ ۱۹۳) میں حجاج بن مطر نے یحییٰ بن خالد برمکی کے ایما پر ''مبادیات'' کا دوسرا ترجمہ کیا اور مامون کے عہد (۱۹۸ھ تا ۲۱۸ھ) میں تیسری بار ترجمہ اسی نے کیا۔ ابن ندیم لکھتا ہے۔

''حجاج نے اقلیدس کے دو ترجمے کئے۔ ایک نقلِ ہارونی کے نام سے مشہور ہوا اور دوسرا ترجمہ نقلِ مامونی کے نام سے مشہور ہے اور اسی پر اعتماد کیا جاتا ہے۔''

اقلیدس کا چوتھا ترجمہ اسحاق بن حنین (م ۲۹۸ھ) نے کیا۔ اور مشہور مترجم ثابت بن قرہ نے اصلاح کی۔ ابن ندیم نے ''الفہرست'' میں اسحاق بن حنین کے ترجمے پر ثابت بن قرہ کی اصلاح کا ذِکر کیا ہے لیکن مستقل ترجمہ کا تذکرہ نہیں ہے۔ تاہم القفطی کے بیان سے معلوم ہوتا ہے کہ ثابت نے ترجمہ بھی کیا تھا۔ غرضیکہ پانچواں ترجمہ ثابت بن قرہ نے کیا۔ ابن خلدون بھی ذکر کرتا ہے۔

متذکرۃ الصدر پانچوں ترجمے براہِ راست یونانی زبان سے ہوئے تھے۔ ٹی۔ ایل۔ ہیتھ (T. L. Health) رقم طراز ہے۔

There seems to be no doubt that Ishaq wo must have ' known greek as well as his father made his translation ".direct from greek

ثابت کے ترجمے کے بارے میں لکھتا ہے۔

Thabit undoubted by consulted greek mass for his revision. This is expressly stated in a marginal note to a .Hebrewvertion of the Elemnts made from Ishaq

ان پانچ ترجموں کے علاوہ بھی چند ترجموں کا ذِکر ملتا ہے، جو چنداں اہم نہیں۔

"مبادیات" کی اصلاح و تشریح:

س سلسلے میں پہلا نام فیلسوف العرب "الکندی" کا ہے۔ اس کی اصلاح "رسالہ فی اِصلاح کتب اقلیدس" اور "رسالة في إصلاح المقالة الرابعة عشر والخامسة عشرين كتاب اقلیدس" کے نام سے مشہور ہے۔ کندی کے بعد ثابت بن قرہ نے "کتاب فی اشکال اقلیدس" لکھی۔

چوتھی صدی ہجری میں ابن الہیثم (الہزن) نے "مبادیات" کو خوبی سے ترتیب دیا۔ ابن الہیثم ۳۵۴ھ (۹۶۵) میں بصرہ میں پیدا ہوا تھا۔ بعد ازاں مصر میں سکونت اختیار کی اور وہیں ۴۳۰ھ (۱۰۳۹) میں انتقال کیا۔ اس عظیم مفکر اور امام بصریات سے کم و بیش دو سو کتابیں منسوب ہیں۔ جن میں سے اکثر و بیشتر سائنسی اور ریاضیاتی موضوعات پر ہیں۔ ایک اہم تالیف "رسالة خواص المثلث في جهت العمود" ہے جو مشرق و مغرب سے خراج تحسین کر چکی ہے۔

ابو الوفا البوزجانی نے اقلیدس کی "مبادیات" کی شرح کا آغاز کیا تھا لیکن ابن ندیم کی

تصریح کے مطابق اس کام کو عملی جامہ پہنا سکا۔ "کشف الظنون" کے مؤلف حاجی خلیفہ چلپی نے لکھا ہے کہ ابوالوفا نے تیرہ مقالوں میں ایک کتاب لکھی تھی۔ اسی طرح اس کے شاگرد نے استاد کے لیکچروں سے ایک کتاب مرتب کی تاہم یہ دونوں کتابیں ناپید ہیں۔

ابوالوفا البوزجانی ۹۴۰ء میں پیدا ہوا اور ۳۸۷ھ (۹۹۸) میں بغداد میں فوت ہوا۔

بو علی سینا نے "مبادیات" کا اختصار کیا اور "شفا" کا ایک حصہ اس کے لئے مختص کیا اسی طرح ابن الصلت نے "کتاب الاقتصار" میں اس کا ملخص کیا ہے۔ ابن صلت (۱۱۱۲) میں تونس میں فوت ہوا۔

مندرجہ بالا اختصار اور تشریحات محقق نصیر الدین طوسی (م ۶۷۲ھ) کی مرتب کردہ تحریرِ اقلیدس کے سامنے ہیچ ہیں۔ محقق طوسی ۵۹۷ھ (۱۲۳۵) کو طوس میں پیدا ہوا۔ بغداد میں ۶۷۲ھ کو فوت ہوا۔ محقق طوسی بیک وقت ریاضی دان، طبیب اور فلسفی تھا۔ اس نے ۷۷ کتابیں تالیف کیں جو صدیاں گزرنے کے باوجود ایک دنیا کو ورطۂ حیرت میں ڈالے ہوئے ہیں۔

محقق طوسی نے ساتویں صدی ہجری کے وسط میں حجاج بن یوسف اور ثابت بن قرہ کے ترجموں سے مبادیات کا وہ ایڈیشن مرتب کیا جو آج مدارسِ عربیہ میں شامل نصاب ہے۔ مقدمہ میں رقمطراز ہے

"جب میں المجسطی (فلکیات کی کتاب) کے ترجمہ سے فارغ ہوا تو میں نے مناسب سمجھا کہ اقلیدس کی مبادیات کو مرتب کروں۔۔۔ اور اس میں ضروری اضافے کروں۔۔۔ حجاج اور ثابت کے نسخوں میں جو اصل ترجمہ ہے اسے بعد کے اضافوں سے ممتاز کروں۔"

ساتویں صدی ہجری ہی میں ایک اور ریاضی دان محی الدین یحییٰ بن ابی یشکر المغربی

نے ایک کتاب "تحریر اقلیدس۔۔۔فی اشکال الھندسہ "مرتب کی۔

فارسی تراجم:

ساتویں صدی ہجری میں علامہ قطب الدین شیر ازی (م ۷۱۰ھ) نے مبادیات کو فارسی میں منتقل کیا۔ دوسرا ترجمہ خیر اللہ مہندس ہندی کا ہے جو انہوں نے ۱۱۴۴ھ میں "تقریر التحریر" کے نام سے کیا۔

خیر اللہ مہندس محمد شاہ اول (م ۱۷۴۸ / ۱۱۶۰ھ) کے زمانے میں معروف ہندوستانی ریاضی دان اور منجم تھا۔ راجہ دھیراج جے سنگھ والی جے پور نے رصد گاہ کی تعمیر کے لئے خیر اللہ ہی کو چُنا تھا۔ موصوف نے تقریر التحریر کے علاوہ ۱۱۶۱ھ میں اسی موضوع پر "تقریب التحریر" قلمبند کی۔

(۴) 'صحیح سائنسی علم' اسلام کا ہم نوا ہوتا ہے!

ریاض الحسن نوری

تخلیق کائنات کے مقاصد کی حقیقت کے بارے میں اللہ جل جلالہ کا وعدہ ہے ﴿سَنُرِيهِمۡ ءَايَٰتِنَا فِي ٱلۡءَافَاقِ وَفِيٓ أَنفُسِهِمۡ حَتَّىٰ يَتَبَيَّنَ لَهُمۡ أَنَّهُ ٱلۡحَقُّ...۵۳﴾... سورۃ فصلت "ہم انسانوں کو انفس وآفاق میں ایسی نشانیاں برابر دکھاتے رہیں گے، جو اللہ کے حق ہونے کو ثابت کریں گی۔" جدید سائنس مشاہدے اور تجربے کے استعمال کا نام ہے، اس لئے اس کا دائرہ کار محدود ہے، تاہم حواس وعقل چونکہ انسانی صلاحیتیں ہیں اس لئے ان کے استعمال سے ایسی حقیقتیں واضح ہوتی رہتی ہیں— زیر نظر مقالہ میں قرآنِ کریم سے بعض ایسے حقائق پیش کئے گئے ہیں، جو سائنسی علم سے قرآن کی صداقت کے لئے گواہی دیتے ہیں البتہ یہ واضح رہے کہ سائنس کا دائرہ محدود ہے اور وہ بہر صورت انسانی کدوکاوش کی مرہونِ منت ہے، اس لئے جن چیزوں کو وہ حقائق کے طور پر سامنے لاتی ہے، ان کے بعض نمایاں پہلو قرآن کی تصدیق کے باوصف کئی اعتبار سے ناقص ہوتے ہیں یا کمزور، تاہم یہ جزوی تصدیق بھی بڑی اہمیت رکھتی ہے۔ قرآنِ کریم میں اللہ تعالیٰ نے اہل علم کی شہادت کو انصاف کے قیام سے مشروط کیا ہے، ارشاد ہے ﴿شَهِدَ ٱللَّهُ أَنَّهُۥ لَآ إِلَٰهَ إِلَّا هُوَ وَٱلۡمَلَٰٓئِكَةُ وَأُوْلُواْ ٱلۡعِلۡمِ قَآئِمَۢا بِٱلۡقِسۡطِ...۱۸﴾... سورۃ آل عمران "اہل علم در آں حالیکہ وہ انصاف کے ساتھ قائم ہوں۔" سائنسی حقائق کے قرآن کی تصدیق کرنے کے اعتبار سے کوئی

شک وشبہ نہیں ہونا چاہئے۔ اگر سائنسی علم صحیح ہو تو وہ لازماً وحی کی تصدیق ہی کرے گا، تاہم سائنسی علم کی صحت پر بھی قرآن مُہیمن (محافظ) ہے۔اس لئے اگر سائنسی تحقیقات جزوی یا کلی طور پر مستقبل میں بدل جائیں تو یہ سائنس کے ارتقا کی خوبی ہے، لیکن قرآنِ مجید میں یہی ارتقا قرآن کی تکذیب کا شبہ پیدا کر سکتا ہے۔ اس لئے قرآن کا مفہوم ازل سے ابد تک متعین ہے۔ اخبار وعقائد سے متعلقہ تعلیمات میں نام نہاد ارتقا کی یہاں کوئی گنجائش نہیں۔ پیش کردہ سائنسی حقائق کے بارے میں یہ اُصولی نکتہ پیش نظر رہے تاکہ عقیدہ میں استحکام رہے۔ بسااوقات مرعوب کن سائنسی انکشافات عقائدِ صحیحہ پر اثرانداز ہوتے ہیں۔ وہاں عقیدہ غیر متزلزل رہنا چاہئے اور سائنسی ارتقا کی تصدیق کا انتظار کرنا چاہئے۔اسی نکتہ کی روشنی میں زیر نظر مقالہ ہدیۂ قارئین ہے۔ (محدث)

اللہ تعالیٰ نے اپنے انبیاء ورسلؑ کو ان کے زمانی حالات اور ضرورت کے مطابق مختلف معجزات عطا فرمائے۔ حضرت موسیٰؑ کے دور میں اگر جادوگروں کا زور تھا تو اللہ تعالیٰ نے آپؑ کو اسی مناسبت سے معجزات عطا فرمائے تاکہ آپؑ جادوگروں کو زیر کر سکیں۔ حضرت عیسیٰؑ کے دور میں اگر علم طب عروج پر تھا تو اللہ تعالیٰ نے عیسیٰؑ کو بھی ایسے معجزات عطا فرمائے کہ آپؑ اس وقت کے تمام حکیموں اور طبیبوں پر سکہ جما سکیں۔ چنانچہ آپؑ مادر زاد اندھوں اور کوڑھ کے مریضوں کو بحکم الٰہی تندرست فرما دیتے جب کہ کوئی اور حکیم یا طبیب اس کی قدرت نہیں رکھتا ہے۔ علیٰ ہذا القیاس دیگر انبیا کا بھی یہی معاملہ رہا ہے۔

البتہ نبی اکرم ﷺ چونکہ خاتم النّبیینؐ (اللہ کے آخری نبی) ہونے کے ناطے قیامت تک کے لئے نبی ورسولؐ بنا کر بھیجے گئے، اس لئے ضروری تھا کہ آپ کے اس دنیا

سے تشریف لے جانے کے بعد بھی آپؐ کے معجزات قیامت تک کے لئے سامنے آتے رہتے۔ ویسے تو آپؐ کو اپنی زندگی ہی میں بہت سے معجزات (مثلاً شق قمر، اسراء و معراج وغیرہ) سے نوازا گیا تاہم اس کے علاوہ قرآنِ مجید اور احادیث میں بہت سے ایسے دعوے اور حقائق بھی پیش کئے گئے جنہیں اس دور میں محدود آلات اور معلومات کی بنا پر جاننا کسی کے لئے ممکن نہ تھا، آج کی محیر العقول ترقی میں جب بہت سے انکشافات ہوئے تو ان سے قرآن وحدیث کی حقانیت کا اٹل ثبوت میسر آیا کہ قرآن کریم نے انہیں کس طرح مکمل صورت میں آج سے صدیاں قبل پیش کیا تھا۔ سر دست انہی میں سے چند ایک ایسے حقائق کی طرف اشارہ کرنا مقصود ہے جنہیں سائنسی تحقیقات کے بعد دورِ حاضر میں مسلمہ طور پر تسلیم کر لیا گیا ہے جبکہ ۱۴۰۰ سال پہلے ہی قرآن و سنت میں ان کی نشاندہی کر دی گئی تھی۔

۱. علم جنین (الأجنة) اور تخلیقی مراحل واطوار

انسانی بچے کی پیدائش اور اس کے مختلف مراحل کے حوالہ سے سائنس دانوں نے بیسویں صدی میں بہت سے حقائق دریافت کئے جن میں مزید پیش رفت تاحال جاری ہے۔ خلیہ (Cell)، جینز (Genes) اور ان سے متعلقہ معلومات کی فراہمی نے نہ صرف علم الاجنہ (Embryology) میں ایک بہت بڑا انقلاب برپا کیا بلکہ اس کے ساتھ تخلیقی مراحل کی بہت سی پیچیدگیوں اور مشکلات کو دور کرنے اور بانجھ پن کی مختلف صورتوں پر قابو پانے میں بھی مدد حاصل ہوئی۔ علم الاجنہ اور علم الطب سے متعلقہ کسی صورت کو زیر بحث لانا یہاں مقصود نہیں، تاہم علم الاجنہ کے حوالہ سے بیسویں صدی کی ان دریافتوں کی مناسبت سے ہم عرض کرنا چاہیں گے کہ قرآن و سنت نے چودہ سو سال پہلے ہی ان چیزوں کی نشاندہی کر دی تھی۔ مثلاً:

۱. قرآن مجید میں ہے کہ

﴿وَأَنَّهُ خَلَقَ الزَّوْجَيْنِ الذَّكَرَ وَالْأُنثَىٰ ۴۵ مِن نُّطْفَةٍ إِذَا تُمْنَىٰ ....۴۶﴾... سورۃ النجم

"اور بلا شبہ اللہ نے جوڑا یعنی نر و مادّہ پیدا کیا ایک بوند سے جب کہ وہ ٹپکائی جاتی ہے۔"

اس آیت میں اس بات کی نشاندہی کی گئی ہے کہ نر یا مادّہ کی پیدائش کا انحصار نطفہ پر ہے۔ جدید سائنس بھی قرآن مجید کی اس بات کی تصدیق کرتے ہوئے ہمیں آگاہ کرتی ہے کہ انسانی پیدائش کا عمل نطفے سے شروع ہوتا ہے۔

۲. اسی طرح قرآن مجید میں ہے کہ

﴿يَخْلُقُكُمْ فِي بُطُونِ أُمَّهَاتِكُمْ خَلْقًا مِّن بَعْدِ خَلْقٍ فِي ظُلُمَاتٍ ثَلَاثٍ...۶﴾... سورۃ الزمر

"وہ (اللہ تعالیٰ) تمہاری ماؤں کے پیٹوں میں تین تین تاریک پردوں کے اندر تمہیں ایک کے بعد ایک شکل پر تخلیق کرتا ہے۔"

یعنی اللہ تعالیٰ انسانی تخلیق کو رحم مادر میں مختلف مراحل واطوار سے گزارتا ہے۔ یہ مراحل کتنے اور کون کون سے ہیں، اس کی تفصیل قرآن مجید نے اس طرح بیان فرمائی:

﴿يَا أَيُّهَا النَّاسُ إِن كُنتُمْ فِي رَيْبٍ مِّنَ الْبَعْثِ فَإِنَّا خَلَقْنَاكُم مِّن تُرَابٍ ثُمَّ مِن نُّطْفَةٍ ثُمَّ مِنْ عَلَقَةٍ ثُمَّ مِن مُّضْغَةٍ مُّخَلَّقَةٍ وَغَيْرِ مُخَلَّقَةٍ لِّنُبَيِّنَ لَكُمْ ۚ وَنُقِرُّ فِي الْأَرْحَامِ مَا نَشَاءُ إِلَىٰ أَجَلٍ مُّسَمًّى ثُمَّ نُخْرِجُكُمْ طِفْلًا ثُمَّ لِتَبْلُغُوا أَشُدَّكُمْ ...۵﴾... سورۃ الحج

"اے لوگو! اگر تمہیں مرنے کے بعد جی اُٹھنے میں شک ہے تو سوچو کہ ہم نے تمہیں مٹی سے پیدا کیا پھر نطفہ سے پھر خونِ بستہ سے، پھر گوشت کے لوتھڑے سے جو صورت دیا گیا تھا اور بے نقشہ تھا۔ یہ تم پر ظاہر کر دیتے ہیں اور ہم جسے چاہیں ایک

ٹھہرائے ہوئے وقت تک رحم مادر میں رکھتے ہیں۔ پھر تمہیں بچپن کی حالت میں دنیا میں لاتے ہیں تاکہ تم اپنی پوری جوانی کو پہنچو۔"

تخلیقی مراحل کو قرآنِ مجید ہی کے ایک اور مقام پر اس طرح بیان کیا گیا ہے:

﴿ثُمَّ جَعَلْنَٰهُ نُطْفَةً فِى قَرَارٍ مَّكِينٍ ١٣ ثُمَّ خَلَقْنَا النُّطْفَةَ عَلَقَةً فَخَلَقْنَا الْعَلَقَةَ مُضْغَةً فَخَلَقْنَا الْمُضْغَةَ عِظَٰمًا فَكَسَوْنَا الْعِظَٰمَ لَحْمًا ثُمَّ أَنشَأْنَٰهُ خَلْقًا ءَاخَرَ ۚ فَتَبَارَكَ اللَّهُ أَحْسَنُ الْخَٰلِقِينَ ١٤﴾... سورة المؤمنون

"پھر ہم نے اسے نطفہ بنا کر محفوظ جگہ میں قرار دے دیا، پھر نطفہ کو ہم نے جما ہوا خون بنا دیا پھر اس خون کے لوتھڑے کو گوشت کا ٹکڑا بنا دیا پھر گوشت کے ٹکڑے کو ہڈیوں میں بدل دیا پھر (ان) ہڈیوں کو ہم نے گوشت پہنا دیا پھر ایک اور بناوٹ میں اسے پیدا کر دیا۔ برکتوں والا ہے وہ اللہ جو سب سے بہترین پیدا کرنے والا ہے۔"

یہی مراحل صحیح احادیث میں اس طرح بیان کئے گئے ہیں کہ نطفہ چالیس دن کے بعد عَلَقۃ (یعنی گاڑھا خون) بن جاتا ہے پھر چالیس دن کے بعد یہ مُضْغَۃ (یعنی لوتھڑا یا گوشت کی بوٹی) کی شکل اختیار کر لیتا ہے۔ پھر اللہ تعالیٰ کی طرف سے ایک فرشتہ آتا ہے جو اس میں روح پھونکتا ہے۔ یعنی چار مہینے کے بعد نفخِ روح ہوتا ہے اور بچہ ایک واضح شکل میں ڈھل جاتا ہے۔ (تفصیل کے لئے دیکھئے: بخاری: کتاب الانبیا اور مسلم: کتاب القدر، وغیرہ)

دورِ حاضر میں تخلیق کے مذکورہ مراحل سائنسی تحقیقات کے بعد متفقہ طور پر تسلیم کئے جا چکے ہیں۔ جبکہ ۱۴۰۰ سال پہلے جب اسلام نے ان مخفی اُمور کی نشاندہی کی تھی، اس وقت یہ معلومات کسی کے حاشیہ خیال میں بھی نہ تھیں۔

یہاں راقم بڑے عجز سے عرض کرنا چاہے گا کہ ۱۹۸۷ء میں جب رابطہ عالم اسلامی

کی طرف سے اسلامی یونیورسٹی آف اسلام آباد میں الإعجاز العلمي في القرآن والسنة کے نام سے ایک بین الاقوامی کانفرنس کا انعقاد کیا گیا جس میں 'علم الاجنہ' سے متعلقہ ایک کتاب "The Developing Human" خصوصی طور پر مندوبین میں تقسیم کی گئی اور اس کانفرنس میں علم الاجنہ اور دیگر سائنسی تحقیقات میں قرآن و سنت کے کردار سے متعلقہ مقالہ جات پیش کئے گئے تو راقم الحروف کے اس موضوع پر دو مقالے منظور ہوئے جبکہ پنجاب بھر سے کسی اور سائنسدان یا عالم دین کا کوئی ایسا مقالہ منظور نہ ہوا۔

۲. پہاڑوں کو میخیں قرار دینا

قرآنِ مجید میں کئی ایک مقامات پر یہ بات بیان ہوئی کہ پہاڑ میخوں کی حیثیت سے زمین میں گاڑے گئے ہیں۔ بطورِ مثال چند آیات درج کی جاتی ہیں:

۱. ﴿وَجَعَلنا فِي الأَرضِ رَوٰسِىَ أَن تَميدَ بِهِم ...۳۱﴾... سورۃ الانبیاء

"اور ہم نے زمین میں پہاڑ بنا دیے تا کہ وہ (زمین) انہیں (مخلوق کو) لے کر ڈھلک نہ جائیں۔"

۲. ﴿وَأَلقىٰ فِي الأَرضِ رَوٰسِىَ أَن تَميدَ بِكُم ...۱۰﴾... سورۃ لقمان

"اور اس نے زمین میں پہاڑ گاڑ دیئے تا کہ زمین تمہیں ہلا نہ سکے۔"

۳. ﴿أَلَم نَجعَلِ الأَرضَ مِهٰدًا ٦ وَالجِبالَ أَوتادًا ٧﴾... سورۃ النباء

"کیا ایسا نہیں کہ ہم نے زمین کو فرش بنایا اور پہاڑوں کو میخوں کی طرح (اس میں) گاڑ دیا؟"

مذکورہ بالا آیات سے معلوم ہوا کہ زمین پر پہاڑوں کو نصب کرنے کا مقصد یہ تھا کہ زمین ڈھلکنے اور جھٹکے لگنے سے محفوظ رہے۔ اگرچہ نزولِ قرآن سے پہلے دنیا اس حقیقت سے ناواقف تھی، تاہم اب جدید سائنسی تحقیقات نے بھی قرآن مجید کی اس بات کی تائید

کر دی ہے۔

جدید علم طبقات الارض کے مطابق "پہاڑ قشر زمین (Earth's Crust) بنانے والی عظیم پلیٹوں کی حرکت اور ان کی باہمی رگڑ اور مسلسل ٹکراؤ کے نتیجے میں تشکیل پاتے ہیں۔ جب دو پلیٹیں آپس میں متصادم ہوتی ہیں تو ان میں سے جو مضبوط تر ہوتی ہے، وہ دوسری کے نیچے گھس جاتی ہے اور اوپر والی خم کھا کر بلندی اختیار کر لیتی ہے، اسی طرح پہاڑ وجود میں آجاتا ہے۔ جبکہ نیچے والی تہہ زمین کے نشیب میں زیریں جانب بڑھتی چلی جاتی ہے اس طرح ایک گہرائی عمل میں آنے لگتی ہے۔ اس کا مطلب یہ ہے کہ پہاڑوں کا ایک حصہ نیچے کی جانب بھی ہوتا ہے جو سطح زمین سے نظر آنے والے حصہ کے تقریباً مساوی ہوتا ہے۔ بالفاظِ دیگر پہاڑ سطح زمین کے نیچے اور اوپر سے آگے کی طرف بڑھتے ہوئے قشر ارض کی پلیٹوں کو آپس میں بھینچ دیتے ہیں جس سے زمین کی مضبوطی بڑھتی ہے۔ مختصر طور پر ہم پہاڑوں کو میخوں سے تشبیہ دے سکتے ہیں جو زمین کے مختلف حصوں کو اسی طرح جوڑتے ہیں جیسے میخیں لکڑی کے ٹکڑوں کو آپس میں جوڑتی ہیں۔" (قرآن رہنمائے سائنس از ہارون یحییٰ، ص ۱۲۲)

۱۹۸۷ء میں رابطہ عالم اسلامی کی طرف سے اسلام آباد میں منعقد ہونے والی مذکورہ بالا بین الاقوامی کانفرنس میں ایک امریکی سائنسدان نے قرآن مجید کی ان چند (مذکورہ) آیات (جن میں پہاڑوں کو میخیں کہا گیا) کا ترجمہ پیش کرتے ہوئے کہا کہ ۱۰۰ سال پہلے تک سائنس دانوں کا یہی خیال تھا کہ پہاڑ ایسے ہی ٹیلے ہیں جیسے ریت کے ٹیلے بن جاتے ہیں یا قدرتی طور پر مسلسل آندھی و طوفان کے نتیجے میں کسی جگہ مٹی، ریت اور پتھروں کا ڈھیر لگ جاتا ہے مگر اب جدید تحقیقات سے معلوم ہوا کہ پہاڑ اگر ایک میل اونچا ہو تو اس کی جڑ کئی میل تک گہری ہوتی ہے۔ جس طرح میخ کا کچھ حصہ اوپر نظر آتا ہے جبکہ اس کا

بڑا حصہ زمین میں ہوتا ہے۔

المختصر یہ کہ اس امریکی سائنس دان نے قرآن مجید کی ان آیات کو معجزاتی آیات قرار دیا کیونکہ ان آیات میں جن حقائق کو ۱۴۰۰ سال پہلے بیان کیا گیا ہے، سائنس دان ان حقائق تک پہنچنے میں اب کامیاب ہوئے ہیں۔

۳. تخلیق کائنات کے سائنسی مشاہدے

تخلیق کائنات کے سلسلہ میں قرآن مجید ہمیں جن حقائق سے آگاہ کرتا ہے، ان کا تذکرہ مندرجہ آیات میں موجود ہے:

۱. ﴿أَوَلَمْ يَرَ الَّذِينَ كَفَرُوا أَنَّ السَّمٰوٰتِ وَالْأَرْضَ كَانَتَا رَتْقًا فَفَتَقْنٰهُمَا ۖ وَجَعَلْنَا مِنَ الْمَاءِ كُلَّ شَيْءٍ حَيٍّ ۖ أَفَلَا يُؤْمِنُونَ ۳۰﴾... سورة الانبياء

"کیا کافر لوگوں نے نہیں دیکھا کہ آسمان و زمین باہم ملے ہوئے تھے پھر ہم نے انہیں جدا کیا اور ہم نے پانی کے ساتھ ہر زندہ چیز کو پیدا کیا۔ کیا یہ لوگ پھر بھی ایمان نہیں لاتے۔"

۲. ﴿ثُمَّ اسْتَوٰىٓ إِلَى السَّمَاءِ وَهِيَ دُخَانٌ فَقَالَ لَهَا وَلِلْأَرْضِ ائْتِيَا طَوْعًا أَوْ كَرْهًا قَالَتَا أَتَيْنَا طَائِعِينَ ۱۱﴾... سورة حم السجدة

"پھر (اللہ تعالیٰ) آسمان کی طرف متوجہ ہوا اور وہ (آسمان) دھواں سا تھا۔ پس اسے اور زمین سے (اللہ تعالیٰ نے) فرمایا کہ تم دونوں خواہ خوشی سے آؤ یا ناخوشی سے۔ ان دونوں نے کہا کہ ہم بخوشی حاضر ہیں۔"

۳. ﴿وَالسَّمَاءَ بَنَيْنٰهَا بِأَيْيدٍ وَإِنَّا لَمُوسِعُونَ ۴۷﴾... سورة الذاريات

"آسمان کو ہم نے قوت سے بنایا اور یقیناً ہم اس میں کشادگی کرنے والے ہیں۔"

مندرجہ بالا آیات میں سے پہلی آیت سے معلوم ہوا کہ آسمان اور زمین باہم ملے

ہوئے اور ایک دوسرے کے ساتھ پیوست تھے، پھر اللہ تعالیٰ نے ان دونوں کو جدا جدا کر دیا۔ اب یہی بات جدید سائنس بھی تسلیم کر چکی ہے کہ کرۂ ارض ایک خوفناک حادثے کے ساتھ وجود میں آئی اور اسی حادثہ عظیمہ کو بگ بینگ (Big Bang) یا 'انفجارِ عظیم' بھی کہا جاتا ہے۔

دوسری آیت میں جس چیز کی نشاندہی کی گئی ہے، وہ یہ ہے کہ شروع میں آسمان مکمل طور پر دھوئیں یا گیس کی شکل میں تھا جیسا کہ مشہور ایٹمی سائنسدان جارج گیمو لکھتا ہے کہ

"کائناتی مکان (فضا) کثیر توانائی والی گاما شعاعوں (High Enrgy Gama Radiation) سے پر تھا... لیکن اس میں موجود مادّہ کا وزن مخصوص زمین سے بالاتر فضا کی ہوا کے برابر ہماری کائنات کی تخلیقی تاریخ کے پہلے گھنٹے کے بعد کائنات میں ۳۰ ملین سال تک کوئی خاص واقعہ نہیں ہوا۔ (اسی زمانے کے متعلق قرآن نے کہا کہ تمام آسمان دھوئیں یا گیس کی شکل میں تھا)

یہی مصنف مزید لکھتا ہے کہ "بنیادی چیز جس سے کائنات بنی، وہ ہائیڈروجن گیس تھی"۔ (The Creation of the Universe, p.۱۳۵)

تیسری آیت میں یہ نشاندہی کی گئی ہے کہ کائنات میں مسلسل توسیع کا عمل جاری ہے اور اکثر سائنس دان بھی اس کی تائید کرتے ہوئے اس بات کو تسلیم کر چکے ہیں کہ ہر آن یہ کائنات پھیلتی اور وسیع ہوتی جا رہی ہے۔ ہارون یحییٰ اپنی تصنیف 'قرآن رہنمائے سائنس' میں لکھتے ہیں کہ

"۲۰ ویں صدی کی آمد تک دنیائے سائنس میں ایک ہی نظریہ مروّج تھا کہ کائنات بالکل غیر متغیر اور مستقل نوعیت رکھتی ہے اور لامتناہی عرصہ سے ایسی ہی چلی

آرہی ہے۔ تاہم تحقیق ومشاہدہ اور ریاضیاتی جانچ پڑتال جو جدید ٹیکنالوجی کی مدد سے جاری تھی، اس سے انکشاف ہوا کہ اس کائنات کا ایک نکتہ آغاز بھی تھا اور اس وقت سے یہ مسلسل پھیل رہی ہے۔ ۲۰ صدی کے شروع میں روسی ماہر طبیعیات الیگزنڈر فرائیڈمین اور بلجیم کے ماہر علم تکوین عالم (Cosmologist) جارجز لیمیٹر کے جمع کردہ نظری حساب کتاب سے یہ حقیقت منکشف ہوئی کہ کائنات مسلسل حرکت کررہی ہے اور وسیع سے وسیع تر ہورہی ہے۔ اس انکشاف کی ۱۹۲۹ء کے مشاہدات سے تصدیق ہوگئی۔ امریکی ماہر فلکیات ایڈوین ہبل نے اپنی دوربین سے آسمان کا مشاہدہ کرنے کے بعد انکشاف کیا کہ ستارے اور کہکشائیں ایک دوسری سے مسلسل دور ہٹ رہی ہیں۔ ایک ایسی کائنات جس میں ہر چیز، دوسری چیز سے پرے ہٹتی جارہی ہے تو اس کا مطلب یہ ہے کہ وہ مسلسل پھیل رہی ہے۔ بعد کے برسوں کی تحقیق بھی اس مشاہدے کی تصدیق کرتی رہی ہے۔ قرآنِ مجید نے یہ حقیقت اس وقت بیان کردی تھی کہ جب کسی کو اس کا وہم وگمان تک نہ تھا۔ یہ اس لئے کہ قرآن اس خدا کا کلام ہے جو پوری کائنات کا خالق ومالک اور حکمرانِ حقیقی ہے۔" (ص ۱۱۱،۱۱۰)

۴. بشرطِ صحت آسمان اور زمین کے گول ہونے کا ثبوت

اگرچہ جدید سائنس نے تحقیقی وسائنسی مشاہدات کے بعد یہ بات تسلیم کی ہے کہ آسمان اور زمین گول ہے جبکہ قرآنِ مجید نے ۱۴۰۰ سال پہلے ہی اس حقیقت کا انکشاف کردیا تھا اور یہی وجہ ہے کہ مسلم سائنسدانوں کا شروع سے یہ موقف رہا کہ زمین گول ہے۔ اس سلسلہ میں دین اسلام نے ۱۴۰۰ سال پہلے کیا نشاندہی کی تھی، اس کا تذکرہ ہم آٹھویں صدی ہجری کے عظیم مجتہد یعنی شیخ الاسلام ابن تیمیہ کے فتاویٰ کی روشنی میں کریں گے۔ شیخ الاسلام نے اس موضوع پر اپنے فتاویٰ میں جابجا بحث کی ہے۔ چنانچہ

مجموع الفتاویٰ کی چھٹی جلد میں ایسے ہی ایک سوال کا جواب دیتے ہوئے شیخ رقم طراز ہیں کہ

"السمٰوات مستديرة عند علماء المسلمين وقد حكي إجماع المسلمين على ذلك غير واحد من العلماء أئمة الإسلام: مثل أبي الحسين أحمد بن جعفر بن المناوي أحد الأعيان الكبار من الطبقة الثانية من أصحاب الإمام أحمد وله نحو أربع مائة مصنف وحكى الإجماع على ذلك الإمام أبو محمد بن حزم وأبو الفرج بن الجوزي وروى العلماء ذلك بالأسانيد المعروفة عن الصحابة والتابعين وذكروا ذلك من كتاب الله وسنة رسوله وبسطوا القول في ذلك بالدلائل السمعية وإن كان قد أقيم على ذلك أيضا دلائل حسابية... " (مجموع الفتاویٰ، ج٦/ص:٥٨٦)

"مسلمان اہل علم کا موقف یہ ہے کہ آسمان گول ہیں اور بہت سے کبار علماے مسلمین نے اس بات پر مسلمانوں کا اجماع و اتفاق نقل کیا ہے۔ مثلاً احمد بن جعفر بن المناوی جو امام احمد کے اصحاب میں سے طبقہ ثانیہ کے کبیر عالم خیال کئے جاتے ہیں اور وہ تقریباً ٤٠٠ کتب کے مصنف بھی ہیں، نے اسی طرح ابن حزم اور ابن جوزی نے اس پر اجماع نقل کیا ہے۔ اہل علم نے اس سلسلہ میں اپنی معروف اسناد کے ساتھ یہ بات صحابہ کرام اور تابعین عظام سے بھی ثابت کی ہے اور کتاب و سنت سے بھی اس کے دلائل فراہم کئے ہیں۔ اس مسئلے پر اہل علم نے نہ صرف دلائل نقلیہ سے استشہاد کیا ہے بلکہ دلائل عقلیہ سے بھی اسے ثابت کیا ہے۔"

اس کے بعد شیخ الاسلام قرآن و سنت کے چند نصوص سے استشہاد کرتے ہوئے رقم طراز ہیں کہ

﴿وَهُوَ الَّذِی خَلَقَ الَّیلَ وَالنَّهارَ وَالشَّمسَ وَالقَمَرَ ۖ كُلٌّ فِی فَلَكٍ یَسبَحونَ

﴿۳۳﴾... سورۃ الانبیاء

"اور وہ اللہ ہی ہے جس نے رات اور دن بنائے اور سورج اور چاند کو پیدا کیا اور یہ سب اپنے اپنے فلک (مدار) میں محوِ گردش ہیں۔"

سلف صالحین میں سے حضرت ابن عباسؓ وغیرہ فرماتے ہیں کہ

"فلک چرخ کے کتلہ کے محور کی طرح گول ہوتا ہے اور یہ (آسمان و زمین کے) گول ہونے کی صریح دلیل ہے اور ویسے بھی لغت میں ہر گول چیز کے لئے لفظ فلک استعمال کیا جاتا ہے۔" (مجموع فتاویٰ، ج۶، ص ۵۸۷)

شیخ الاسلام ایک اور مقام پر رقم طراز ہیں کہ

اعلم أن الأرض قد اتفقوا علی أنها کرویۃ الشکل وھي في الماء المحیط بأکثرھا" (ایضاً، ص ۵/ ۱۵۰) "واضح رہے کہ اہل علم کا اس بات پر اتفاق ہے کہ زمین کی شکل گولائی نما ہے اور زمین کا اکثر حصہ پانی پر مشتمل ہے۔"

اس پر مزید بحث شیخ الاسلام نے مجموع الفتاویٰ کی ۲۵ ویں جلد (ص ۱۹۵) میں بھی کی ہے۔ مزید تفصیل کے لئے مجموعہ فتاویٰ کے مذکورہ اجزا ملاحظہ کئے جاسکتے ہیں۔

[تہذیب و اضافہ : حافظ مبشر حسین لاہوری]

(۵) اسلام اور سائنس کے مزاج و مناہج کا اختلاف

خالد جامعی

موت کے خاتمے اور توجیہ پر سائنس کی بے بسی!

جدیدیت کا تاریخی پس منظر

عالمی تاریخ ثقافت کے ممتاز مؤرخ E.Friedell نے جدیدیت اور جدید انسان اور جدت پسندی کی تاریخ پیدائش اور اسباب متعین کرتے ہوئے لکھا ہے:

"The year of conception of the modern person is the year 1348the year of the black death"

" ۱۳۴۸ء جدید مغربی انسان کا نقطہ آغاز تھا، وہی جو بلیک ڈیتھ کے سال سے موسوم ہے۔"

جدیدیت کی تاریخ پیدائش کے تعین اور اَسبابِ پیدائش کے نقطہ پر تبصرہ کرتے ہوئے ڈویلپمنٹ کے شریک مصنف Marianne Gronemeyer اس جملے کی تشریح میں عجیب و غریب بات لکھتے اور اس موقف کو درج بالا مؤرخ سے منسوب کرتے ہیں:

"Modernity therefore for him begins with a sever illness of European Humanity"

"بہر طور جدیدیت پسندی یورپی انسانیت کو لاحق سنگین بیماری سے بر آمد ہوئی۔"

اہل مغرب کی گندگی اور غلاظت

جس جدیدیت (جدید ذہن، جدید انسان، جدید سائنس) کا آغاز ایک خطرناک بیماری، گندگی، تعفن اور غلاظت کے بطن سے ہوا ہو، خود کس قدر آلودہ ہوگی، اس کا اندازہ نہیں کیا جاسکتا۔ یورپ میں بلیک ڈیتھ کوئی اتفاقی حادثہ نہیں تھا، وہ اس طرزِ زندگی کا لازمی نتیجہ تھا جو رہبانیت کے تحت مذاقِ عوام بن گیا تھا۔ 'لیکی' 'تاریخ اخلاق یورپ' جس کا ترجمہ مولانا عبدالماجد دریابادی نے کیا تھا، اس کے بعض ابواب ہمیں اس تاریخ اور پس منظر سے بخوبی آگاہ کرتے ہیں جس کے باعث اہل یورپ طہارت سے محرومی اور غلاظت میں لتھڑے رہنے کو ہی روحانی ارتقا کا ذریعہ سمجھتے تھے۔ آج بھی مغرب میں پانی سے طہارت کے بجائے بغیر طہارت یا زیادہ سے زیادہ کاغذی طہارت [Paper Drycleaning] پر اکتفا کیا جاتا ہے۔ برطانیہ سمیت یورپ کے تمام ممالک میں اگر آپ رفع حاجت کے لئے بیت الخلا جائیں تو وہاں نہ لوٹا ہوگا، نہ پانی اور نہ مسلم شاور کہ آپ رفع حاجت کے بعد پانی سے خود کو پاک کر سکیں۔ پانی لینے کے لیے آپ کو باہر آنا ہوگا جہاں ہاتھ دھونے کے لئے تو نل موجود ہے لیکن پانی اکٹھا کرنے کے لئے برتن موجود نہیں لہذا اکثر مسلمان طہارت کے لئے برتن اپنے ساتھ رکھتے ہیں۔ نوے فی صد یورپی لوگ بغیر آبی، خاکی اور کاغذی استنجے کے باہر نکل آتے ہیں۔ بمشکل دس فی صد ایسے ہوں گے جو کاغذ سے خشک کاری پر اکتفا کرتے ہوں۔ مغربیوں کی طبیعت اس معاملے میں نہایت کُھردری ہے۔ بلادِ مغرب میں اہل مغرب غسل سے شغف نہیں رکھتے، جسم کی پاکی اُن کے یہاں اہم نہیں بلکہ مختلف عطریات اس کا متبادل ہیں۔

جب کوئی مسلمان ان مغربی خطوں میں جاتا ہے تو پریشان ہو جاتا ہے۔ یہی حالت غسل کی ہے۔ مشرق میں سفر کرنے والے تجار، مسافر اور سیلانی وسیاح اس بات کو واضح طور پر محسوس کرتے ہیں کہ مغرب کی سرحدوں میں داخل ہوتے ہی مشرق و مغرب میں

دو بنیادی فرق نظر آتے ہیں۔ مشرق میں شاذ و نادر ہی اپنے خرچ پر کھانا پڑتا ہے۔ مہمانوں اور مسافروں کو مشرق کی سرزمین کے، خصوصاً اس کے روایتی، مذہبی اور مسلم دیار و امصار میں دعوتوں سے فرصت نہیں ملتی اور طہارت کے لئے ہر جگہ پانی اور لوٹا دستیاب ہوتا ہے، لیکن مغرب میں خوردونوں کا مکمل انتظام خود کرنا پڑتا ہے۔ دعوت کی روایت نظر نہیں آتی اور طہارت کے لئے پانی دستیاب نہیں ہوتا، پانی ہوتا ہے تو لوٹا نہیں ملتا اور مغرب کے لوگ مشرق کی طرح غسل سے شغف نہیں رکھتے۔ خشک کاری (ڈرائی کلینک) ہی ان کا وظیفہ حیات ہے۔ یہ جدید و متمدن مغرب کا تازہ احوال ہے، لیکن چودھویں صدی میں اس خطے کا کیا حال ہوگا..؟

انتہا یہ ہے مغرب والوں کی عبادت گاہ، کلیسا' بھی مغرب کے رخ پر نہیں ہوتی، ہوا اور روشنی کا مناسب فطری انتظام بھی نہیں ہوتا، لہذا کلیسا کو روشن رکھنے کے لئے موم بتیوں کا انتظام کیا جاتا تھا۔ ایک تحقیق کے مطابق موم بتیوں کے کثرتِ استعمال کی وجہ سے روئے زمین پر کلیسا وہ واحد جگہ تھی جہاں سے زیادہ آلودگی ہوتی تھی۔

ظاہر ہے کہ یورپ کے تنگ و تاریک گھروں میں روشنی سے محروم طرزِ تعمیر و طرزِ زندگی اور صفائی سے غفلت اس کالی خونی موت (Black Death) کا سبب بنی جس میں تاریخ دانوں کے مطابق سولہ کروڑ سے زائد افراد ہلاک ہوئے، لیکن اسی بیمار یورپ میں کروڑوں لوگ زندہ بھی بچ گئے۔ بیماری اُنہیں موت کے منہ میں لے جانے کا سبب نہ بن سکی۔ مرے گا وہی جس کی زندگی کا وقت پورا ہو گیا اور جن کی زندگی باقی ہے وہ کیسے ہی کٹھن حالات اور خطرناک بیماریوں میں گھرا ہو، اللہ تعالیٰ اسے موت کے منہ سے نکال کر آبِ حیات تک لے جائیں گے۔ لہذا یہ سمجھنا کہ اگر طاعون کا علاج اس دور میں دریافت ہو جاتا تو سولہ کروڑ لوگ بچ جاتے، تقدیر الٰہی پر عدمِ ایمان سے عبارت ہے۔

اگر طاعون کی دعا موجود ہوتی تب بھی وہ سولہ کروڑ لوگ ضرور مرتے جن کی موت لکھ دی گئی تھی ، کوئی دوا لکھی موت ٹال نہیں سکتی۔ ہر مرض کا علاج ممکن ہے سوائے بڑھاپے اور موت کے ، ان دو امراض کا علاج ممکن نہیں اور یہ اللہ کی سنت ہے جو کبھی تبدیل نہیں ہوتی !!

طاعون کی بیماری تاریخ کے مختلف ادوار میں دنیا کے تمام خطوں میں وقتاً فوقتاً پھیلتی رہی ہے لیکن جس طرح طاعون نے یورپ میں تباہی مچا دی ، ایسی تباہی دنیا کے کسی خطے میں نہیں آئی ، اس کی ایک بڑی وجہ یورپی لوگوں کا طرزِ زندگی اور صفائی کی خراب صورتحال تھی تو دوسری اہم ترین وجہ یورپ میں کلیسا کے پوپ کے حکم پر بلیوں کا قتل عام تھا۔ پوپ اور پادریوں کا خیال تھا کہ بلّیاں جادو گروں کا ہدف ہیں اور اُن کے ذریعے جادو کا اثر عام کیا جاتا ہے لہذا بلیوں کے خلاف مذہبی نفرت نے بلیون کے قتل عام کو ممکن بنا دیا، لہذا طاعونی چوہوں کو بلیوں کی مزاحمت نہیں ملی۔ اگر بلّیاں کثرت سے ہوتیں تو یورپ پر طاعون کا اس قدر خوفناک حملہ نہ ہوتا۔ اس کے علاوہ مختلف مؤرخین نے طاعون کی دیگر وجوہات بھی بیان کی ہیں جو آگے آرہی ہیں۔

مغرب کا یہ خیال کہ اس نے موت کو شکست دے دی۔ طاعون ،چیچک کا علاج دریافت کر لیا اور لوگوں کی زندگی بچالی۔ ان کی عمریں بڑھا دیں.. یہ محض ان کی خام خیالی ہے۔ عمر کم یا زیادہ ہونے کا فیصلہ آسمانوں پر ہوتا ہے۔ جس مغرب کو سولہ کروڑ لوگوں کے مرنے کا صدمہ تھا، اسی مغرب کو اب اس بات کا غم شدت سے کھائے جا رہا ہے گزشتہ سو برس میں دنیا کی آبادی جس تیز رفتاری سے بڑھ رہی ہے ، اس کے باعث وسائل کم پڑ جائیں گے ،لہذا یہی مغرب جدید اسلحہ اور جنگوں، کیمیائی ہتھیاروں کے ذریعے انسانیت پر مسلسل ہلاکت مسلط کر رہا ہے۔ آبادی کم کرنے کی خطرناک دوائیں ایجاد کر

کے رحم مادر میں قتل عام کا ارتکاب کر رہا ہے۔ اِسقاط کے ذریعے اربوں انسانوں کو قتل کر رہا ہے اور سی ٹی اسکین کے ذریعے انسانوں کو دنیا میں آنے سے پہلے دوسری دنیا میں پہنچا رہا ہے۔ اس کا خیال ہے کہ مغرب کی ایجاد کردہ دواؤں کے باعث بیماریاں ختم ہو گئیں، لہٰذا لوگ اب کم مر رہے ہیں زیادہ جی رہے ہیں، لہٰذا جس طرح پہلے انسانوں کو مرنے سے بچانا اس کا فرض تھا، اب انسانوں کو مار کر کم کرنا بھی اسی کا فرض ہے یعنی خدائی کا خناس ابھی تک مغرب کے ذہن سے خارج نہیں ہوا، یہی 'خدا' آبادی کی روک تھام کی فکر میں مصروفِ عمل ہے۔ جس کے باعث چین اور ہندوستان میں لڑکیوں کی تعداد خطرناک حد تک کم ہو گئی ہے۔ چین میں 'ایک بچے' فلسفے کے باعث لڑکی کی پیدائش کو سی ٹی اسکین کے ذریعے روک دیا جاتا ہے۔ ہندوستان میں بچیوں کی قبل از ولادت ہلاکت کی صورتحال اس حد تک پریشان کن ہے کہ اب وہاں رحم کی شناخت کے لئے سی ٹی اسکینر کے استعمال پر ہی پابندی عائد کر دی گئی ہے۔

کالی موت یا بلیک ڈیتھ Black Plague یا Great Pestilence کا اصل مرکز و محور یورپ کیوں رہا اور اس نے کس طرح یورپ کو برباد کیا، اس کی تفصیل انسائیکلوپیڈیا Wikipedia سے پڑھیے۔ یہ مضمون چار نومبر ۲۰۰۹ء کو انٹرنیٹ سے حاصل کیا گیا تھا۔

مغرب میں یہ سیاہ موت 'بلیک ڈیتھ' جدید سائنسی انقلاب کا عبوان بن گئی۔ کالی موت نے زندگی کی نئے سرے سے نئی تفہیم پیدا کی جس کا بنیادی وصف تحفظِ حیات (Sslf Preservation of Life) قرار دیا۔ زندگی سب سے اہم ترین واقعہ ہو گئی اور موت قابل نفرت شے قرار پائی۔ قرآن نے اہل کتاب پر طنز کرتے ہوئے کہا تھا:

﴿فَتَمَنَّوُا الْمَوْتَ إِن كُنتُمْ صَادِقِينَ ﴿٩٤﴾﴾... سورۃ البقرۃ

"اگر تم سچے ہو تو موت کی تمنا کرو۔" اہل کتاب ہزار برس جینے کی آرزو کرتے تھے اور خود کو خدا مقرب خاص بھی سمجھتے تھے، قرآن نے طنز کہا کہ طویلِ عمر کی خواہش میں یہودی، مشرکین سے بھی بدترین ہیں۔ کالی موت نے اہل مغرب میں زندگی سے بے پناہ محبت کا جذبہ راسخ کیا، جدیدیت کا خاص وصف مالک الملک کی خالقیت کا انکار اور اُلوہیتِ انسانی کا اعلان ہے۔ انسان خود خدا ہے کیوں کہ نطشے کے مطابق خدا نعوذ باللہ مر گیا ہے لہذا اس کی خالی جگہ انسان نے پر کر دی ہے۔ اس فلسفے کا نقطۂ عروج جسم انسانی کو خدا کے تصرف سے نکال کر انسان کی ملکیت (Body is Prorerty) قرار دینا ہے یعنی خدا کو خدا کے سپرد کر دینا۔ جدیدیت میں انسان فاعل خود مختار (Self Autonornus Being) ہے جو کسی کو جواب دہ نہیں۔ وہ کسی خارجی مقتدرہ (External authority) کے زیر اثر نہیں، اس کو روشنی اور علم اندرون (Inside) سے عطا ہوتا ہے، اس کے لئے اسے باہر دیکھنے کی ضرورت نہیں، لہذا انسان خود خدا بن گیا اور اپنے فیصلے خود کرنے لگا۔ لہذا جسم ہر فرد کی ملکیت ہے، وہ اس سے جو کام لینا چاہیے لے سکتا ہے۔ اسی لئے مغرب میں طوائف کی جگہ Scx workcr آگئی ہے۔ جسم عورت کی ملکیت ہے خدا کی نہیں، لہذا عورت جسے چاہیے اپنا جسم ہبہ کر سکتی ہے، عطیہ کر سکتی ہے، بیچ سکتی ہے۔ یہ آزادی کی قدر (Value of Freedom) کا تقاضا ہے ہر وہ رواج روایت اس آزادی کی راہ میں رکاوٹ پیدا کرے، حکومت کا فرض ہے وہ اسے ختم کر دے۔

مغرب میں کام وہ ہے جس کے نتیجے میں پیسہ حاصل ہو، اس لئے گھریلو کام میں مشغول عورتوں کو وہ کارکن Worker کے زمرے میں شامل نہیں کرتے لیکن گھر سے نکل کر کام کر کے پیسہ کمانے والی عورت کو وہ ورکر قرار دیتے ہیں اور مغرب میں ایسا کام جس کا پیسہ نہ ملے، شرمناک ترین اور بے کار کام ہے۔ جسم کو انسانی ملک قرار دینے کے

نتیجے میں ایک نئے تصورِ حیات نے ظہور کیا۔ اس کے نتیجے میں جدید طبّی علوم نے محیر العقول ترقی کی' ظاہر ہے جب جسم ہی سر چشمہ خیر ہو، جسم ہی معیشت کا ذریعہ ہو، جسم سے ہی عیش و عشرت وابستہ ہو اور جسم کے بغیر حیاتِ دنیا کی کسی لذت ورونق کا تصور ہی نہ ہو اروخدائی جسم سے متعلق ہو جائے تو جسم کی پرورش و نشو نما اور تحفظ ہی زندگی کا اہم ترین مقصد بن جاتا ہے۔ دوسرے لفظوں میں مغرب نے انسان کو خدا کے درجے پر فائز کر دیا۔ وہ خود خدا ہے لہذا اپنے جسم کے معاملات کا فیصلہ کرنے کا کلّی طور پر مجاز ہے۔

زندگی کی طرف والہانہ لپکنے کے بجائے حکم رسول کا اتباع

لیکن عالم اسلام میں حضرت ابو عبیدہ بن الجراح کی شہادت جو عشرہ مبشرہ میں شامل تھے، لشکرِ اسلام کے سپہ سالار تھے، ایک نئے صبح وشام کا دروازہ کھولتی ہے۔ وہ شام کے محاذ پر تھے کہ طاعون پھیل گیا۔ اُنہیں کوچ کا مشورہ دیا گیا تو آپ نے انکار کر دیا اور کہا کہ " رسالت مآب ﷺ نے فرمایا تھا کہ " جس علاقے میں وبا پھیل جائے، وہاں سے ترکِ سکونت نہ کرنا۔ " لہذا میں رسالت مآب ﷺ کے حکم کے خلاف عمل نہیں کر سکتا۔ " ایک مسلم کے لئے رسالت مآب ﷺ کے فرمان کے مطابق عمل میں زندگی بچانے کا سوال غیر اہم ہو جاتا ہے اور اس فرمان نبوی ﷺ کی حکمت واضح ہو جاتی ہے۔ متعدی بیماری کی آفت زدہ بستی سے نقل مکانی، اس یقین کا دروازہ کھولتی ہے کہ بیماری کے جراثیم ، ایک شخص کے ذریعے دوسری بستی اور دوسری دنیا تک منتقل ہو سکتے ہیں، لہذا اپنی زندگی کو خدا کا فضل سمجھ کر دوسروں کی زندگی بچانے کے لئے نقل مکانی نہ کرنا اہم فریضہ بن جاتا ہے۔ اگر اللہ نے زندگی رکھی ہے تو طاعون کی بیماری میں رہنے بھی اس بیماری سے محفوظ رہتے ہیں۔ ایک مؤمن کے لئے اپنی زندگی کے تحفظ سے زیادہ اہم شے حکم رسول کی پیروی اور اس اتباع میں دوسرے کی زندگی کا تحفظ ہے خواہ اس کوشش میں اس کی

جان چلی جائے۔ ایک مسلمان کے لئے جب بھی زندگی اور حکم رسالت مآب ﷺ کے درمیان انتخاب کا مرحلہ درپیش ہو تو وہ حکم رسالت پر عمل کرنے کو زندگی سمجھے گا اور اس راہِ عمل میں خونِ شہادت اسے زندگی سے زیادہ عزیز ہو گا۔ اصل زندگی تو وہ ہے جو اتباعِ رسالت ﷺ میں بسر ہو۔ وہ زندگی جو رسالت مآب ﷺ کی نافرمانی میں گزرے، اس موت سے کس طرح بہتر ہو سکتی ہے جو آقائے کائنات کی اتباع میں قبول کی جائے۔ اسی نقطہ نظر کا نقطۂ کمال سیدنا ابو بکرؓ کا وہ فیصلہ تھا جو لشکرِ اُسامہؓ اور مرتدین سے جنگ کے موقع پر سامنے آیا، جب صحابہ کرام کی جانب سے مصلحت و حکمت کے تقاضوں کے تحت سالارِ لشکر اُنیس سالہ حضرت اُسامہ بن زید کو معطل کرنے اور لشکر کی روانگی کو عارضی طور پر ملتوی کرنے کا مشورہ دیا گیا تو آپ نے اسے تسلیم کرنے سے انکار کر دیا۔ لشکر اسامہ کی روانگی کا فیصلہ عرب کے بگڑے ہوئے حالات اور زمینی حقائق (Ground Realites) کے تناظر میں صحابہ کرام اور مہاجرین اوّلین پر بہت گراں گزرا۔ "فشق ذلک علی کبار المھاجرین الأولین "۔ (حیاۃ الصحابہ: جلد ا۔ ص ۴)

عقل کے دائرے میں صحابہ کی رائے بظاہر درست معلوم دیتی ہے صحابہ نے حضرت ابو بکر سے عرض کیا کہ لوگ لشکرِ اُسامہ میں جا رہے ہیں وہ مسلمانوں کے چیدہ اور منتخب افراد ہیں۔ عرب کی حالت آپ کے سامنے ہے، ایسی حالت میں جمیعت صحابہ کو متفرق کرنا مناسب نہیں۔ ثانی اثنین کا جواب تھا:

لو خطفتني الکلاب والذئاب لانفذتہ کما أمر بہ رسول اللہ ﷺ

"اگر کتے اور بھیڑیے مجھے اُچک لے جائیں تب بھی میں لشکر کو اسی طرح روانہ کروں گا جس طرح کہ رسالت مآب ﷺ فرما گئے ہیں۔"

انصار نے حضرت عمرؓ کی زبانی خلیفہ اوّل تک یہ بات پہنچائی کہ اگر روانگی

لشکر ضروری ہے تو اُنیس سالہ حضرت اُسامہ کے بجائے کسی زیادہ تجربہ کار اور سن رسیدہ شخص کو سالار لشکر مقرر کیا جائے۔ جب حضرت عمر انصار کا یہ پیغام پہنچا چکے تو حضرت ابو بکر بے تاب ہو کر کھڑے ہو گئے اور تیزی سے فرمایا: تأمرني أن أعزله "اے خطاب کے بیٹے! تجھ کو تیری ماں گم کرے، ان کو رسول اللہ ﷺ نے مقرر فرمایا ہے اور تم حکم کرتے ہو کہ میں ان کو معزول کر دوں۔" بظاہر حضرت ابو بکر کا یہ رویہ عقلی زمینی حقائق، تعقل، مصلحت، حکمت، دانائی، سائنسی طریقہ کار، اعداد و شمار کی میزان اور زیرکی کے تقاضوں کے خلاف نظر آتا ہے، لیکن تاریخ میں درج ہے کہ سیدنا ابو بکرؓ کے اس عزم و توکل واطاعت اور حکم رسالت مآب ﷺ کی برکت کا ایسا ظہور اس طرح ہوا کہ یہ لشکر جس قبیلے کی طرف سے گزر جاتا تھا، اس پر ایسا رعب پڑتا کہ وہ اسلام کی طر یہ کہتے ہوئے پلٹ آتا کہ اگر اُن کے پاس قوت نہ ہوتی تو اتنی بڑی جمعیت ان کے پاس سے نہ نکلتی۔

لشکر سے فراغت سے بعد اہل مدینہ کو ایک نئی آزمائش کا سامنا تھا۔ مرتد قبائل نے مدینہ منورہ کو گھیر کر اپنا قاصد اس شرط کے ساتھ بھیجا کہ ہم زکوٰۃ ادا نہیں کریں گے۔ صحابہ کرام سے آپ نے مشورہ کیا: سب کی رائے تھی کہ اس وقت نرمی مناسب ہے۔ حضرت عمرؓ نے کہا:

"یاخلیفۃ رسول اللہ! تألف الناس وارفق بھم"

"لوگوں کے ساتھ نرمی اور اُلفت کا برتاؤ کیجیے۔"

جواباً حضرت ابو بکر نے فرمایا: "اے عمر! تم جاہلیت میں تو بہادر تھے اور اسلام میں آکر کمزور ہو گئے۔ وحی کا سلسلہ منقطع ہو چکا ہے اور دین کمال کو پہنچ گیا کیا میری زندگی ہی میں دین ناقص کر دیا جائے گا، (ہرگز نہیں) واللہ! فرض زکوۃ سے اگر یہ رسی کا ٹکڑا بھی دینے سے انکار کریں گے تو میں ان سے جہاد کروں گا۔" سیدنا ابو بکرؓ نے تمام صحابہ کی

رائے کے بر عکس جہاد کا حکم دیا کیونکہ آپ کی نظر میں وہ ریاست، سیادت، سیاست، تدبیر، حکومت اور طاقت جو رسالت مآب ﷺ کے حکم کی تعمیل سے قاصر ہو، اسکا ہونا اور نہ ہونا دونوں برابر ہیں۔ مسلمان حکم رسول کی تعمیل کیلئے زندہ رہیں، اگر یہ نہ کر سکیں توانکی زندگی کی کسی کو ضرورت نہیں ہے۔ اُنہیں تعمیل حکم کی راہ میں جان دے دینی چاہیے۔

یہ وہ مابعد الطبیعیاتی، علمیاتی، کونیاتی، ایمانی، اعتقادی فرق ہے جو عالمِ اسلام کو جدید عالمِ غرب سے بالکل جدا کرتا ہے۔ اس وریے کے نتیجے میں دو مختلف انسان و تہذیبیں، دو مختلف طریقے

(Method)' مزاج رویے (Discourse)، دو مختلف مناہج Paradigrns دو مختلف اقالیم وجود پذیر ہوتے ہیں۔ ایک حکمتِ اسلامی کہلاتا ہے دوسرا جدید سائنس، اور اسکا ارتقا۔ طاعون کی ایک وباأُمتِ مسلمہ پر کس طرح اثر انداز ہوئی، اس کے کیا مضمرات ہوئے اور طاعون کی دوسری وبانے مغرب کو کس طرح تبدیل کر دیا۔ طاعون میں حضرت عبیدہ کی شہادت ہوئی، آپ کی عظمت اور بلندی کا اندازہ محض اس بات سے کیا جاسکتا ہے کہ سیدنا عمرؓ فرماتے تھے کہ اگر عبیدہ بن الجراح زندہ ہوتے تو 'امین الامت' کو بغیر کسی مشورے کے خلافت سپرد کر دیتا۔ اس قدر جلیل القدر ہستی کی شہادت کے باوجود پورے عالمِ اسلام میں سائنسی تعقل و ترقی (Scientific Rationality and Development) کی نہ لہر نہیں اُٹھ سکی جس نے کالی موت (Black Death) کے بعد مغرب کو شدید طور پر متاثر کیا۔ ایسا کیوں ہوا؟ اس سوال کا تعلق مابعد الطبیعیاتی مباحث سے جڑا ہوا ہے جسے آسان فہم بنانے کی کوشش کی جارہی ہے۔

مغرب میں جدید طبی ترقی کا براہِ راست تعلق اسی کالی موت سے ہے، اس مسئلے کی فلسفیانہ تفہیم کے لئے فوکالٹ کی کتاب The Birth of Clinic کا مطالعہ نہایت ضروری ہے جو بعض اہم تاریخی اور فلسفیانہ حقائق سے پردہ اُٹھاتی ہے۔

اللہ ہی موت و حیات کا خالق ہے !﴿الَّذی خَلَقَ المَوتَ وَالحَیوٰةَ...﴿۲﴾... سورة الملک

اسلام کا فلسفہ موت جدید سائنس کے فلسفے cause and effect علت و معلول پر یقین نہیں رکھتا۔ موت اَمر ربی ہے بغیر کسی وجہ، علت، سبب کے بھی آجاتی ہے اور موت کے ہزاروں اَسباب پیدا ہونے کے باوجود انسان زندہ رہتا ہے۔ اسے خدائے حی قیوم زندگی عطا کرتا ہے۔ ایک مریض کوئی دوا استعمال نہیں کرتا مگر بچ جاتا ہے۔ ایک دوسرا مریض عمدہ سے عمدہ دوائیں استعمال کرتا ہے، لیکن مر جاتا ہے۔ زندگی اور موت دوا پر منحصر نہیں، یہ عطیہ ٔخداوندی ہے۔ اس کا فیصلہ مخلوق نہیں، خالق کرتا ہے۔ کسی کو موت مطالبے پر نہیں ملتی اور نہ ہی کسی کی آرزو عمرِ طویل کا سبب بن سکتی ہے۔ اسی لئے دنیا میں خودکشی کی پچاسی فی صد وارداتیں ناکام ہو جاتی ہیں۔ تمام اسبابِ ذرائع وسائل مہیا ہونے کے باوجود اور انسان کی یہ خواہش کہ وہ مر جائے، اس کی آرزو پوری نہیں ہوتی کہ موت اپنے وقتِ مقرر سے پہلے نہیں آسکتی اور اگر اس کا وقت آجائے تو وہ ٹالی نہیں جا سکتی۔ موت انسان کے اختیار میں ہوتی تو ہر خودکشی کرنے والا موت سے ہمکنار ہوتا۔ کس کو کتنی زندگی دی گئی ہے، یہ خدائے حی لایموت کے سوا کوئی نہیں جانتا۔ نہ سائنس نہ ٹیکنالوجی، نہ فلسفہ نہ فلسفی، لیکن مغرب زندگی و موت کو خدا کا عطیہ سمجھنے کے بجائے نظریہ ٔعلت و معلول کا نتیجہ قرار دیتا ہے لہذا پوسٹ مارٹم رپورٹ میں تمام ڈاکٹر خواہ مسلم ہوں یا غیر مسلم، موت کا سبب لازماً لکھتے ہیں اور جب کوئی سبب ذہن میں نہیں آتا تو لکھ

دیتے ہیں کہ Cause unknown (وجہ نا معلوم) یہ جملہ اس ایمان ویقین کا اظہار ہے کہ جدید سائنس کبھی نہ کبھی اس کا سبب بھی دریافت کر لے گی۔ آیئے دیکھتے ہیں کہ ترقی کی معراج کا دعویٰ کرنے والی سائنس یہاں کیوں بے بس ہوئی:

(ا) بھارت کے دو سکھ بھائیوں کا حادثہ تاریخ سائنس کے لئے عجیب وغریب واقعہ ثابت ہوا۔

NASA کے سائنس داں ابھی تک اس حادثے میں بچ جانے والے انسان کی زندگی اور مرنے والے کی موت کے اسباب وعلل پر مسلسل تحقیق کر رہے ہیں۔ دو سکھ بھائی بہتر مستقبل کی تلاش میں ایک شخص کو پیسے دے کر انڈین ایئر لائنز کے ذریعے امریکہ غیر قانونی سفر پر روانہ ہوئے۔ دونوں امریکی شہری بننا چاہتے تھے، سفر پر بھیجنے والے نے دونوں بھائیوں کو طیارے کے اگلے پہیوں کے اوپر بنے ہوئے خانوں (Boxes) میں ٹھونس دیا۔ طیارہ جب اڑتا ہے تو اس کے پہیے ان خانوں میں چلے جاتے ہیں۔ ان بھائیوں نے اس بارے میں کچھ نہ سوچا۔ طیارہ دہلی رن وے پر دوڑا، پہیے آگ کے گولوں میں تبدیل ہوئے۔ طیارہ فضا میں بلند ہوا تو پہیے خانوں میں چلے گئے دونوں بھائیوں کو جلا کر رکھ دیا۔ ان کی دردناک چیخیں سننے والا کوئی نہ تھا، طیارہ آسمان میں ہزاروں فٹ تک بلند ہو گیا تو نقطہ انجماد کے باعث دونوں بھائی منجمد ہو گئے۔ طیارہ نیویارک ایئرپورٹ پر اُترا تو رن وے پر دوڑنے کے لئے خانوں سے باہر نکلے تو ایک ساتھ دو لاشیں ایئرپورٹ پر گریں۔ حفاظتی عملے نے لاشیں تحقیقات کے لئے FBI کے سپرد کیں۔ ایک بھائی مر چکا تھا دوسرا زندہ تھا۔ NASA نے دوسرے بھائی کو تحویل میں لے لیا، اسے امریکی شہرت دے دی گئی۔ اب اس بات کی تحقیق ہو رہی ہے کہ علت و معلول کے فلسفے کے تحت دوسرا بھائی کیسے بچ گیا؟ اللہ موجود ہے اور عقل نے عجز کا اظہار کر دیا۔

(۲) یہی صورتِ حال امریکہ کی ایک ریاست میں اس وقت پیش آئی جب پندرہ سال سے کومے میں محصور زندگی کے آخری سانس گننے والی عورت کے شوہر نے ہسپتال کی انتظامیہ سے کہا کہ اس عورت کا ventilater (آکسیجن ماسک) ہٹا دیا جائے تا کہ وہ اپنی وصیت کے مطابق سکون کی موت مر سکے۔ بیوی کے ماں باپ نے عدالت سے حکم امتناعی کے لئے رجوع کیا۔ عدالت نے درخواست مسترد کر دی۔ امریکی قانون کے تحت شوہر کو اس فیصلے کا حق تھا کہ آکسیجن ماسک رکھا جائے یا ہٹا دیا جائے۔ ماں باپ نے صدر بش سے اپیل کی، صدر بش نے ہنگامی طور پر قانون میں ترمیم کی اور ایک عورت کی زندگی بچانے کے لئے سینٹ کا اجلاس بلائے بغیر قانون نافذ کر دیا اس کاروائی میں تین دن لگ گئے عورت تین دن تک بغیر آکسیجن ماسک کے زندہ رہی چوتھے دن عدالت نے ترمیم شدہ قانون کی روشنی میں ماں باپ کے حق میں امتناہی حکم جاری کر دیا۔ ماسک لگا دیا گیا لیکن اگلے ہی دن عورت انتقال کر گئی، آخر کیوں؟ کیا زندگی اور موت کا تعلق دوا، اسباب اور علاج سے ہے؟ یہ اسباب بلاشبہ کسی تکلیف میں کمی تو کر سکتے ہیں کیونکہ ہر درد کی دوا ہے، ہر مرض کا علاج ہے سوائے مرض الموت کے، موت وقتِ مقرر پر آتی ہے!!

(۳) گزشتہ سال کراچی کا ایک واقعہ اس کی زندہ مثال ہے۔ تیرہ منزلہ عمارت سے ایک مزدور سر کے بل نیچے گرا۔ لوگ بچانے دوڑے، سب کا خیال تھا کہ مر گیا ہوگا، لیکن چند لمحے بعد وہ اپنے پیروں پر کھڑا تھا اسے خراش تک نہیں آئی تھی، مبارک باد دینے والے ساتھیوں نے اس سے مٹھائی کا مطالبہ کیا وہ سڑک پار کر کے دکان تک گیا۔ مٹھائی کا ڈبہ لے کر واپس لوٹا تو سڑک پر گاڑی نے اسے ٹکر ماری اور وہ اسی وقت مر گیا۔

(۴) تازہ ترین اور امریکہ کی ایک ریاست کا مشہور ترین واقعہ لوگ ابھی نہیں بھولے ہیں۔ اس واقعے پر مبنی فلم نے امریکہ میں ریکارڈ دیے تھے۔ ایک سیاہ فام باپ کا

بیٹا شدید بیمار تھا، اس کے دل کو تبدیل کرنا تھا بیٹے کی حالت دن بدن خراب ہو رہی تھی، لیکن تبدیلی دل کے لئے میسر نہ تھا۔ جن لوگوں نے موت کے بعد دل کے عطیے کی وصیت کی تھی، ان میں سے کوئی اس وقت تک مرا نہیں تھا۔ ڈاکٹروں نے بتایا کہ چند دنوں میں دل نہیں ملا تو بچہ مر جائے گا۔ سیاہ فام باپ کو بچے سے بہت محبت تھی، اس نے فیصلہ کیا کہ وہ اپنا دل اپنے بچے کو دے دے گا۔ اس نے ڈاکٹروں کو پیش کش کی کہ اس کا سینہ چیر کر اس کا دل نکالا جائے اور اس کے بیٹے کو لگا دیا جائے۔ وہ زندہ نہیں رہنا چاہتا بلکہ اپنے بیٹے کو زندہ دیکھنا چاہتا ہے کہ وہ مر کر بیٹے کے سینے میں دل بن کر اُس کے دل کی دھڑکنوں میں زندہ رہے گا۔ ڈاکٹروں نے انکار کر دیا۔ امریکی قوانین کے تحت اس طرح دل کا عطیہ لینے کی اجازت نہیں ہے۔ باپ نے ہسپتال کے ڈاکٹروں کو یرغمال بنالیا اور انہیں کہا کہ اگر وہ اس کا دل نہیں نکالیں گے تو وہ سب کو قتل کر دے گا۔ اس کی محبت دیکھ کر ڈاکٹروں نے فیصلہ کیا کہ اس کا دل نکال کر بیٹے کو لگا دیا جائے۔ اسے اپریشن کے لئے بستر پر لٹایا گیا۔ اچانک دل کا عطیہ عین اسی وقت آگیا اور اس کا اپریشن منسوخ کر دیا گیا، محبت نے دل کی بازی جیت لی..!!

(۵) طیاروں کے حادثات کس تناسب سے ہو رہے ہیں۔ نیوز کے کالم نگار زیب اذکار حسین کی تحقیق کے مطابق ان حادثوں میں ایک خاص ترتیب ہے جس کے باعث مسافر موت کا شکار ہوتے ہیں لیکن موت کے اس راز کو ابھی تک حل نہیں کیا جاسکا۔

یہ سب کیا ہو رہا ہے اس کائنات میں یہ واقعات محض اتفاقات، محض کھیل تماشہ اور محض لہو و لعب ہیں یا ان کے اندر چشم بصیرت کا کوئی سامان بھی ہے۔ کیا ہم اب بھی یہ نہیں سمجھ سکتے کہ زندگی اور موت کے فیصلے دواؤں اور علت و معلول کے قانون سے صادر نہیں ہوتے۔ مغرب کے بے شمار نفسیات دانوں اور سائنس دانوں نے اس بات کو مجبوراً

قبول کیا ہے کیوں کہ موت کے ہزاروں واقعات علّت و معلول کے سائنسی اُصول کی تردید کے لئے کافی ہیں۔ عموماً لوگ اس طرح کے واقعات سے خدا کے وجود کے دلائل اخذ کرتے ہیں۔ یہ طریقہ ٹھیک نہیں ہے کیونکہ اس کے نتیجے میں خدا پر ایمان مستحکم ہونے کی بجائے سائنس پر ایمان مستحکم ہوتا ہے کہ دلیلِ خدا تو سائنس نے مہیا کی ہے، اس طریقے سے آپ سائنسی منہاج کو رد کرنے کے بجائے اُسی منہاج علم میں چلے جاتے ہیں۔ اس طرح کے واقعات میں صحیح رویہ یہ ہے کہ اس طرح کے واقعات کے ذریعے سائنس کے اپنے دعووں کی تردید کی جائے کہ سائنس کا قانون علت و معلول (Theoey of cause & effect) خود سائنس کے اُصول سے ردّ ہو رہا ہے، لہذا یہ سائنسی علم قطعاً قابل اعتبار نہیں، یہ صرف کام چلاتا ہے۔ ایسا علم جو صرف کام چلاتا ہو، علم نہیں کہلا سکتا۔

علم قطعی (cortain) حتمی (final) اور مطلق (absolute) ہوتا ہے جو علم تجربے کے ساتھ بدل جائے، علم نہیں بلکہ ایک ظنّی، قیاسی، عارضی، کام چلانے والی قوت اور صلاحیت ہے۔ اس موقف کی تفصیل جاننے کے لئے Fereyarbend.I.Lakatosh.Kuhan . Karl Poper اور اس صدی کے آئن اسٹائن فائن مین Feyman کی کتابیں پڑھ لی جائیں تو بے شمار حقائق سائنسی علم کی قلعی کھول رکھ دین گے۔ اگر ان فلاسفہ اور سائنس دانوں کو پڑھنا آپ کے لیے مشکل ہے تو ایک آسان ترین کتاب What This Thing is Called Sciencre کا مطالعہ کرلیا جائے تو ان تمام مباحث کا خلاصہ آپ کو معلوم ہو جائے گا۔ سائنسی علم صرف حسی، قیاسی، ظنی، حواسی، طبعی، منطقی، عقلی وجدانی اور اندازے کا علم ہے جو نفس انسانی سے نکلتا ہے اور صرف مادی دنیا کے اُمور سے متعلق کچھ رہنمائی کر سکتا ہے۔

(۶) نیشنل جیو گرافک چینل پر دکھائی جانے والی ویڈیو(When animals get wild) بھی لوگوں کو یاد ہو گی جس میں ایک بد کردار شخص جو خدا پر یقین نہ رکھتا ہو، جنگل میں شیرنیوں کے نرغے میں پھنس گیا۔ ایک شیرنی نے اس کا سر اپنے منہ میں لے لیا اور قریب تھا کہ اسے چبا دیتی اور اسے چیر پھاڑ دیتی، اس نے خدا سے دعا کی کہ اگر تو مجھے اس مشکل سے تو میں باقی زندگی اچھے کاموں میں بسر کروں گا خدا نے دعا قبول کر لی، اور شیرنی نے اسے چھوڑ دیا وہ اَدھ موا ہو کر گر پڑا۔ جب ہوش آیا تو شیرنیاں غرّاغرّا کر غصے کا اظہار کر رہی تھیں اور اسے وہاں سے بھاگنے پر جلد از جلد مجبور کر رہی تھیں۔ وہ لڑکھڑاتا ، گھیٹتا، گرتا پڑتا اپنے گاؤں کی طرف چلنے لگا۔ سامنے اسے لگڑ بگوں کا لشکر نظر آیا جو اس کو شکار کرنے کے لئے پر تول رہے تھے مذکورہ شخص کو یقین ہو گیا کہ شیرنیوں سے بچ گیا مگر ان سے بچنا مشکل ہے۔ شیرنیاں اس کے ساتھ ساتھ فاصلے سے چل رہی تھیں اور پیچھے لگڑ بگوں کے غول کہ یہ شیرنیاں ہٹیں تو وہ شکار کو چیر پھاڑ کر کھا جائیں۔ اسی خوف، اُمید اور بیم کی حالت میں چلتے چلتے اس کا گاؤں آگیا گاؤں والوں نے دیکھا تو شور مچا دیا، شیرنیاں بھی واپس چلی گئیں اور لگڑ بگے بھی بھاگ گئے۔ جب اللہ تعالیٰ کسی کی موت لکھ دیتا ہے تو وہ آجاتی ہے لیکن وقت سے پہلے نہیں آتی۔ زندگی باقی ہوتی ہے تو درندے بھی زندگی کی حفاظت کے لئے حصار مہیا کرتے ہیں اور انسانوں کو ان کے گھر تک حفاظت سے پہنچا کر مسکنوں کی طرف لوٹ جاتے ہیں۔ خون پینے والے جانور بھی اپنا خون دے کر اس نفس کی حفاظت کرتے ہیں جس کی حفاظت خدا مطلوب ہوتی ہے!

حفاظت جس سینے کی اُنہیں منظور ہوتی ہے

کنارے تک اسے خود لا کے طوفان چھوڑ جاتے ہیں

(۷) نیشنل جیو گرافک چینل پر (Animals are beautifull people)

فلموں میں OREX کے بچے کی کہانی جو اپنے جھنڈے سے الگ ہو گیا تھا، اسے شیرنی نے اپنی آغوش میں لے لیا تین ہفتے تک اس کی حفاظت کی۔ اسے کھلانے اور اپنا دودھ پلانے کی کوشش کرتی رہی۔ اس کو شیر کے حملوں سے بچانے کے لئے شیر سے نبرو آزما ہوئی اور شیر کے ہاتھوں اس بچے کی ہلاکت پر نہایت غمزدہ ہوئی شیر اپنے بچوں کے سوا کسی دوسرے یا دوسرے شیر کے بچوں کو بھی برداشت نہیں کرتا اور شیرنی کے تمام حرامی بچوں کو چن چن کر ہلاک کر دیتا ہے۔ شیرنی سب سے خون خوار ہوتی ہے اور شیر سے زیادہ پھرتیلی۔ انسانوں پر حملہ کے جتنے بھی واقعات ہوتے ہیں ان میں زیادہ حملے شیرنیوں کے ہوتے ہیں جو اپنے بچوں کے تحفظ کے لئے دوسرں کی زندگی عدمِ تحفظ کا شکار بنا دیتی ہیں، لیکن وہی شیرنی OREX کے بچے کے لئے اللہ کے حکم سے پناہ مہیا کرتی ہے تو کیوں ؟

(۸) یوٹیوب ڈاٹ کا پر Lion versus bafello Amazing اور Lion Vedioes attack میں وہ منظر لوگوں کو یاد ہو گا جب ایک بھنسا غلطی سے اپنے بچے کے ساتھ شیر کی کچھار میں چلا گیا، اس کا بچہ وہیں رہ گیا، بھینسا بھاگ گیا، بچہ یرغمال ہو گیا دریا میں گر گیا۔ شیروں نے باہر نکالنے کی کوشش کی، مگرمچھ آگئے۔ شیر بھینسے کے بچے کو اوپر لے آئے۔ اچانک سینکڑوں بھینسوں نے شیروں پر حملہ کر دیا اور اپنے بچے کو چھین کر لے گئے۔ مگرمچھ، شیر اور پانی، بھینسے کے بچے کو نہیں مار سکے، اللہ کی طرف سے زندگی عطا ہوتی ہے اور موت بھی عطا ہوتی ہے، یہ حادثہ نہیں ہے۔

لیکن خدا پر ایمان کے بغیر ان واقعات کی کوئی حیثیت نہین ہوتی، کوئی تعبیر نہیں کی جا سکتی۔ سائنسی ذہن رکھنے والا مزاج ان واقعات میں کوئی روحانیت نہیں پاتا، اسے محض اتفاقی حادثہ یا خوش قسمتی یا Unknown cause سمجھ کر فراموش کر دیتا ہے۔

(۹) امریکہ کی فیڈرل کورٹ میں چلنے والا تاریخی مقدمہ جس پر حال ہی میں معرکہ آرا فلم بنائی گئی ہے جس کا نام Exorcisim of Amely Rose ہے۔ اس لڑکی ایملے روز پر جنات کا سایہ تھا ایک پادری نے اس کا علاج کیا علاج کے دوران وہ مر گئی۔ پادری پر قتل کا مقدمہ قائم کیا گیا۔ اس کے دفاع کے لئے ایک سیکولر ایڈووکیٹ عورت نے جو خدا پر یقین نہیں رکھتی، اس کا مقدمہ لڑا۔ لڑکی کے خطوط، آوازوں، علاج کے دوران پیش آنے والے واقعات، معاملات کی ویڈیو دیکھنے کے بعد امریکہ کے ممتاز ماہر نفسیات داں کی موجودگی میں اس پورے سانحے کی جانچ پڑتال سن اور جانچ کر خود ششدر رہ گئے۔ ایک ماہر نفسیات نہایت مذہبی ہو گیا۔

عہد حاضر کے انسان کا المیہ یہ ہے کہ وہ سمجھتا ہے کہ دوا ایجاد کرنے سے وہ موت سے بچ جاتا ہے، موت تو اپنے وقت پر آتی ہے۔ خواہ بیماری کی دوا موجود ہو یا نہ ہو۔ استعمال کی جائے یا نہ استعمال کی جائے، لیکن دوا اذیت و تکالیف میں افاقہ کر سکتی ہے، اگر اللہ کو منظور ہو کیوں کہ بہت سی عام تکالیف کے درد، درد کی نہایت مجرب اور قیمتی دوائیں بھی دور نہیں کر سکتیں۔ دوا محض تکلیف اور مرض کا علاج ہے، مرضِ ضعف اور موت کا علاج نہیں۔ جو شخص یہ سمجھتا ہے کہ کسی دوا نے کسی نفس کو موت سے نجات دی ہے، وہ قرآن کی آیاتِ موت سے واقف نہیں۔

موت کا وقت مقرر ہے، کوئی اللہ تعالیٰ کے اذن کے بغیر نہیں مر سکتا:

﴿وَمَا كَانَ لِنَفْسٍ أَن تَمُوتَ إِلَّا بِإِذْنِ اللَّهِ كِتَـٰبًا مُّؤَجَّلًا وَمَن يُرِدْ ثَوَابَ الدُّنْيَا نُؤْتِهِ مِنْهَا وَمَن يُرِدْ ثَوَابَ الْءاخِرَةِ نُؤْتِهِ مِنْهَا وَسَنَجْزِي الشَّـٰكِرِينَ ﴿١٤٥﴾﴾... سورة آل عمران

زندگی اور موت ہم دیتے ہیں:

﴿وَاِنّا لَنَحنُ نُحيٖ وَنُميتُ وَنَحنُ الوٰرِثونَ ﴿٢٣﴾... سورۃ الحجر

اگر رسول مر جائیں یا قتل کر دیے جائیں تو تم لوگ الٹے پاؤں پھر جاؤ گے:

﴿وَما مُحَمَّدٌ اِلّا رَسولٌ قَد خَلَت مِن قَبلِهِ الرُّسُلُ اَفَاۡئِن ماتَ اَو قُتِلَ انقَلَبتُم عَلىٰ اَعقـٰبِكُم وَمَن يَنقَلِب عَلىٰ عَقِبَيهِ فَلَن يَضُرَّ اللَّهَ شَيـًٔا وَسَيَجزِى اللَّهُ الشّـٰكِرينَ ﴿١٤٤﴾... سورۃ آل عمران

اگر تم اپنے گھروں میں بھی ہوتے تو جن لوگوں کی موت لکھی ہوئی تھی تو وہ اپنی قتل گاہوں کی طرف نکل آتے

﴿قُل لَو كُنتُم فى بُيوتِكُم لَبَرَزَ الَّذينَ كُتِبَ عَلَيهِمُ القَتلُ اِلىٰ مَضاجِعِهِم ...﴿١٥٤﴾... سورۃ آل عمران

کالی موت (Black Death) کے بعد ہونے والی جدید سائنسی ترقی کے بعد عالم مغرب میں بھی نہیں، اب عالم اسلام میں بھی راسخ العقیدہ لوگوں کا خیال ہے کہ دوائیں موت سے بچاتی ہیں۔ یہ جملہ عام ہے کہ مغرب کی طبی ترقی کے باعث وہاں لوگوں کی عمریں بڑھ گئی ہیں اور شرحِ اموات کم ہوگئی ہے، حالانکہ یہ ضعیف الاعتقادی ہے گویا زندگی و موت کا سبب خود انسان ہے اور موت کا اختیار بھی انسانوں نے خدا سے لے کر انسانوں کو منتقل کر دیا ہے۔ یہ عہدِ جدید کے سائنسی ذہن کا المیہ ہے خواہ وہ اسلامی ہی کیوں نہ ہوں۔ یہ ایمان رکھنے والے اس بات کا کوئی جواب نہیں دیتے کہ مانع حمل ادویات استعمال کرنے کے باوجود لاکھوں حرامی بچے پھر بھی پیدا ہو جاتے ہیں تو کیوں؟ اسقاط اُسی بچے کا ممکن ہوتا ہے جس کی زندگی امر ربی کے تحت مطلوب نہیں ہوتی اور جس وجود کو زندگی بخشا مشیتِ ایزی ہو تو کنواری مائیں لاکھوں مانع حمل ادویات کھالیں، گناہ ظاہر ہوتا ہے اور ولادت ہو کر رہتی ہے۔ یہ مغرب کے تمام ڈاکٹروں کا عینی مشاہدہ ہے۔

اس کے باوجود زندگی اور موت کو صرف اور صرف دوا، ڈاکٹر، ہسپتال اور مشینوں پر منحصر کر دیا گیا ہے۔

دوسرے لفظوں میں زندگی اور موت کا اختیار خدا کے ہاتھوں سے لے کر ماہرین طب کے ہاتھوں میں دے دیا گیا ہے۔ فکر و نظر میں یہ تبدیلی ہی جدیدیت ہے جو اسلامی معاشروں اور اسلامی تحریکوں میں تیزی سے نفوذ کر رہی ہے۔ عام طور پر لوگوں کا خیال یہ ہے کہ مغرب کی جدید طبی ترقی کے باعث بیماریوں پر قابو پالیا گیا ہے، اس لئے وہاں امراض سے مرنے والوں کی تعداد مسلسل کم ہو رہی ہے اور دنیا کی آبادی تیزی سے بڑھ رہی ہے حالانکہ یہ غلط استدلال ہے۔ امر واقعہ یہ ہے کہ دنیا کی ساٹھ فیصد آبادی ایشیا میں آباد ہے، اس آبادی میں غربت کے باعث مغربی دواؤں کا استعمال بہت کم ہے۔

خاندانی منصوبہ بندی سے متعلق اربوں روپے کی دوائیں اس خطے میں مغرب نے مفت تقسیم کیں لیکن مطلوبہ نتائج حاصل نہ کر سکا۔ مشرق نے جدیدیت کو ذہنی اور قلبی طور پر ابھی تک قبول نہیں کیا لہذا جسمانی و روحانی طور پر مشرق کی یہ سرزمین افزائش نسل میں مصروف ہے۔ اس میں مغرب کی طبی ترقی کا کوئی حصہ نہیں۔ خود مغرب میں ان دواؤں کے باعث شرحِ پیدائش منفی ہوگئی ہے کیونکہ خدا کی رضا یہی ہے کہ مغرب کو اسقاط کے عذاب کے ذریعے سبق دیا جائے۔ کل تک مغرب مرنے والوں کی موت پر غم زدہ تھا۔ اب بڑھتی ہوئی آبادی پر افسردہ ہے۔ اسے دکھ کہ موجودہ چھ ارب آبادی میں اس کی تعداد سب سے کم ہے، صرف تین فی صد۔ تمام بڑی آبادیاں مغرب دشمن ہیں اور مشرقی خطوں میں آباد لہذا اب وہ آبادی میں اضافے کو دنیا کے لئے ایک شدید خطرے کے طور پر پیش کر رہا ہے تاکہ اپنی مخالفت تہذیبوں کی بڑھتی ہوئی آبادی کو تہس نہس کرنے کے لئے نئی حکمت عملی وضع کرے۔

۱۹۷۵ء میں اندرا گاندھی نے امریکہ کی اسی حکمتِ عملی کے تحت ہندوستان کی آبادی کو روکنے کے لئے ہنگامی حالت کا نفاذ (ایمر جنسی) کر کے دو سل تک پچھتّر لاکھ مردوں کی جبراً نس بندی کی تا کہ وہ بچے نہ پیدا کر سکیں۔ امریکہ کے بعد دنیا کی دوسری بڑی جمہوریت میں جمہور کے ساتھ یہ ظالمانہ رویہ اختیار کیا گیا اور جمہوریت کے عشق میں مبتلا سیکولر اور اسلامی مفکرین اس حادثے سے لاعلم رہے۔ چین میں آج بھی ایک بچے سے زیادہ بچے پیدا کرنے کے لئے اجازت نہیں ہے لہذا صرف لڑکے پیدا ہو رہے ہیں، لڑکیوں کو رحم کی قبر میں ہی دفن کر دیا جاتا ہے۔

ڈسکوری چینل اور دیگر چینل پر دکھائی جانے والی X.Files کی ڈاکومنٹری فلمیں ار سائی فیکٹر (Pcsy factor) پر مبنی دستاویزی فلمیں اس کائنات میں سائنس کی خدائی کے انکار کا اشتہار ہیں۔ X-files کی دستاویزی فلموں میں سے ایک اہم فلم میں دو امریکی ریاستوں کے ایک مرد اور ایک عورت کا سچا واقعہ دکھایا گیا کہ شوہر نے عورت سے پانی طلب کیا لیکن وہ پانی لے کر نہیں آئی۔ وہ گھر سے غائب ہو گئی، گمشدگی کی رپورٹ لکھوائی گئی۔ بعد میں یہی عورت دوسری ریاست میں جو کئی سو کلو میٹر دور تھی، مل گئی۔ وہاں پولیس نے اسے تنہا گھومتے ہوئے دیکھا۔ عین اسی وقت جس وقت وہ اپنے شوہر کے لئے پانی لینے چلی تھی، اسے دوسری ریاست میں قانون کے محافظوں نے حفاظتی تحویل میں دے دیا تھا مس کوہن (Kuhan) کے شاگرد نے اس واقعے کی یہ تعلیل بیان کی کہ Black hole میں چلی گئی تھی لہذا زمان و مکاں کی وسعتیں اس کے لئے سمٹ گئیں۔ سوال یہ ہے کہ صرف وہ کیوں بلیک ہول میں گئی اس کا شوہر کیوں نہیں گیا۔ یہ وہ اسرار ہیں جن کے سامنے سائنس بے بس ہے۔ اس کا قانون علت و معلول معذورِ محض ہے۔ وہ اپنے مفروضات یعنی عارضی مسلمات کا دفاع کرنے سے قاصر ہے۔ بلیک ہول اگر موجود

ہے تو گردشِ زمین، چکر، زمان و مکاں کی حدود قیود کے تمام فلسفے سوالیہ نشان بن جاتے ہیں۔ زمین گردش کر رہی ہے یا نہیں؟ اس کا چکر پورا ہونے سے پہلے انسان چکر مکمل کر کے سفر سے واپس آجائے یا وقت کی رفتار سے ماوراہو کر سفر وقت سے پہلے طے کرے، یہ کس طرح ممکن ہے؟ لہذا یہ تصور کہ زمین گردش کر رہی ہے، خود ایک حتمی حقیقت سچائی نہیں ہے محض اضافی (Relative) حقیقت ہے جو یقیناً خود کسی اور حقیقت پر منحصر ہو گی جس سے ہم فی الحال واقف نہیں۔

پاپر کے فلسفے Falsification کے تحت یہ یقین عہد حاضر کی سائنس کو حاصل ہے کہ جو کچھ سائنسی نظریہ بیان کیا گیا ہے، وہ صرف اس وقت تک درست ہے جب تک کوئی دوسرا سائنسی نظریہ اس کی تردید نہ کر دے اور سائنس کی ترقی کا سفر سائنس کو رَد کرنے کے نتیجے میں آگے بڑھتا ہے۔ ہمارے بعض جدید و قدیم علما کے یہاں یہ سوال نہایت اہمیت کا حامل رہا ہے کہ سائنس کو مسلمان کیا جائے یا اسلام کو سائنسی مذہب قرار دیا جائے؟

علماء کا ایک گروہ سائنس کو مسلمان کرنا چاہتا تھا۔ اس گروہ میں احمد رضا خاں بریلوی سید سلیمان ندوی اور علامہ انور شاہ کاشمیری وغیرہ شامل تھے۔ اسی جذبے کے تحت علامہ طنطاوی کی تفسیر کے بارے میں انور شاہ کاشمیری اور سلیمان ندوی نے نہایت گرم جوشی کا مظاہرہ فرمایا۔ مولوی احمد رضا بریلوی اور اسلامیہ کالج لاہور کے استاد پروفیسر حاکم علی کی خط و کتابت سے جناب بریلوی کا نقطہ نظر سامنے آتا ہے۔ فاضل بریلوی کے فقہی مقام کی شہادت ابوالحسن علی ندوی کی زبانی ملاحظہ فرمایئے:

"جزئیات فقہ پر اُن کو جو عبور حاصل تھا، ان کے زمانے میں اس کی نظیر نہیں ملتی۔"

پروفیسر حاکم علی نے فاضل بریلوی کو خط لکھا:

"غریب نواز! کرم فرما کر میرے ساتھ شامل ہو جاؤ تو پھر ان شاء اللہ تعالیٰ سائنس کو اور سائنس دانوں کو مسلمان کیا ہو پائیں گے۔" اس کے جواب میں فاضل بریلوی نے ایک کتاب "نزولِ آیات قرآن بہ سکون زمین و آسمان" تحریر کی اس کتاب کے آخر میں پروفیسر حاکم علی کی خواہش کا جواب دیتے ہوئے لکھتے ہیں:

"محب فقیر! سائنس یوں مسلمان تو نہ ہو گی کہ اسلامی مسائل کو آیات و نصوص میں تاویلات دور از کار کر کے سائنس کے مطابق کر دیا جائے۔ یوں تو معاذاللہ اسلام نے سائنس قبول کی نہ کہ سائنس نے اسلام۔"

سوال یہ ہے کہ کیا واقعتاً سائنس کسی مذہب کی قبولیت کے لئے تیار ہے؟

کیا سائنس کی مابعد الطبیعیات اور اس کی علمیتِ مذہبی مابعد الطبیعیات اور علمیت کو قبول کر سکتی ہے۔ کیا سائنس کے تصور علم حقیقتِ علم اور ماہیت علم میں مذہب کے تصورِ علم کی کوئی ادنیٰ سی بھی گنجائش ہے۔

سائنس کے تصور علم میں علم وہ ہے جس میں شک کیا جا سکے، جس کی تردید کی جا سکے اور جس علم کو بالکل اسی طریقے سے حاصل کیا جا سکے جس طریقے سے وہ علم کسی اور نے حاصل کیا۔ اگر کوئی علم کی تعریف پر نہیں اترتا تو مغربی تصورِ علم اور سائنسی علم منہاج میں یہ علم نہیں، جہل ہے لہذا سائنس کی نظر میں دین اور مذہب سے حاصل ہونے والا علم جہل ہے تو سائنس نعوذباللہ اس جہل کو کیوں قبول کرے گی۔ نہ مذہب سائنس کے اس تصور جہل پر مبنی علم کو قبول کرے گا۔

اس جہل کو کیوں قبول کرے گی۔ نہ مذہب سائنس کے اس تصورِ جہل پر مبنی علم کو قبول کرے گا سائنسی اور مذہبی منہاج، دونوں ایک دوسرے کو قبول نہیں کر سکتے، اسی لئے مذکورہ بالا علما کے جانشینوں میں سائنس کو مسلمان کرنے کے لئے کوئی بڑا اہل علم نہ

کھڑا ہو سکا۔ بعض نے کچھ کوششیں کیں لیکن یہ کوششیں فلسفے، سائنس اور فلسفہ سائنس کے علما کی نظروں میں وقعت کی حامل نہ قرار پاسکیں۔ یہ علما بھی جدید سائنس اور اسلام کے تعلق پر کوئی اہم تحریر ضبط تحریر میں نہ لا سکے وگرنہ اللہ تعالیٰ نے اُنھیں وہ بصیرت دی تھی کہ وہ سائنس کے بخئے اُدھیڑ کر رکھ دیتے۔

(٦) سائنسی علوم کے بانی مسلمان علما

باسم ادریس

کائنات کے سربستہ رازوں کی تہیں جوں جوں کھلتی جارہی ہیں، توں توں انسان کی حیرتوں میں اضافہ ہوتا جارہا ہے۔ نہ صرف یہ، بلکہ سائنسی انکشافات انسانوں کو اللہ تعالیٰ کی قدرت و مطلق العنانی کا بھی قائل کرتے جارہے ہیں اور ان سے قرآنی پیش گوئیوں کی تصدیق بھی ہوتی جارہی ہے۔ نیز اس طرح دین اسلام کی صداقت اور ہمہ گیریت بھی ثابت ہورہی ہے۔ مگر سب سے زیادہ مبہوت کردینے والی حقیقت یہ ہے کہ ذہن انسانی کی رسائی کی کوئی حد نہیں، تحقیق و جستجو سے ذہنِ انسانی نے وہ کمالات دکھائے ہیں کہ دنیا ورطۂ حیرت میں مبتلا ہے، ہر نیا انکشاف انسان کو اور زیادہ مبہوت کردیتا ہے اور اپنی ہمہ دانی پر فخر کرنے والا یہ سوچنے پر مجبور ہوجاتا ہے کہ اُسے تو کچھ بھی معلوم نہیں __ بقول حالیؔ

محرم بھی ہے ایسا ہی جیسا کہ ہے نامحرم
کچھ کہہ نہ سکا جس پر یاں بھید کھلا تیرا

مغربی دُنیا اپنے جن سائنسی کمالات پر فخر کررہی ہے، اس کی بنیاد دراصل مسلمان سائنس دانوں اور علما کی تحقیق و جستجو پر ہے۔ ہیئت دانی میں مسلمان کسی طرح بھی پیچھے نہیں تھے۔ اگر تحقیق و جستجو کا ذوق و شوق مسلمانوں میں ختم نہ ہوتا اور وہ اپنے اسلاف کی سائنسی و علمی میراث کو سنبھال کر رکھتے تو آج سائنسی دنیا میں بھی سربلند و سرخرو ہوتے۔

جبھی تو علامہ اقبال نے کہا ہے کہ

تجھے آبا سے اپنے کوئی نسبت ہو نہیں سکتی

کہ تو گفتار وہ کردار، تو ثابت وہ سیارہ

مغرب کے جن کارناموں سے دُنیا آج سخت مرعوب اور متاثر ہے، ان کے اُصولوں کو مرتب و منضبط کرنے اور ان کی بنیادی تحقیق اور دریافت کا سہرا ان مسلم علما، سائنسدانوں اور ماہرین کیمیا کے سر ہے جنہوں نے خداداد ذہانت اور تحقیق و تجسس سے کام لے کر زندگی کے مختلف میدانوں اور علم کے مختلف شعبوں میں ترقی کی نئی راہیں کھولیں۔

یورپ نے اندلس (موجودہ اسپین) میں مسلمانوں کے زوال اور عیسائیت کے غلبے کے نتیجے میں نہایت بیش قیمت علمی تحقیقات و تصنیفات کے ذخیرے حاصل کئے۔ پھر ان کے انگریزی، فرانسیسی، جرمنی اور اطالوی زبانوں میں تراجم کئے اور اُنہیں تحقیقات کو بنیاد بنا کر سائنس کے میدان میں پیش قدمی کی اور کیمیا، ریاضی اور طبعیات کے میدان میں وہ ترقی کی کہ ساری دُنیا کی آنکھیں خیرہ ہو گئیں۔ انتہا تو یہ ہے کہ ہم اپنے اسلاف کی سائنسی تحقیقات، اکتشافات اور ایجادات سے بالکل لاعلم اور بے خبر ہیں۔

آج کی ایک بڑی ضرورت یہ بھی ہے کہ مسلمانوں کی اس مرعوبیت اور احساسِ کمتری کو دور کیا جائے اور اُنہیں بتایا جائے کہ طب، سائنس، ریاضی، علم الافلاک اور علم نجوم میں مسلمان علماو محققین ہی نے مختلف حقائق دریافت کئے۔ بے بہا اکتشافات کے لئے مسلمان علما و حکما نے بجلی، وائرلیس، جوہری توانائی اور فضا میں پرواز کے لئے ذہنوں کے دروازے کھولے اور جدید ترین ایجادات کی راہیں ہموار کیں۔

(ا) خالد بن یزید (۸۵ھ / ۷۰۴ء)

سائنسی تحقیقات اور ایجادات کی بنیاد پہلی صدی ہجری کے اَواخر میں سیدنا امیر معاویہؓ کے پوتے اور یزید کے فرزند خالد بن یزید نے رکھی جو کہ بنو اُمیہ کے ایک مسلمان شہزادے تھے۔ سائنس کی کتاب میں پہلا نام اِنہی کا نظر آئے گا لیکن مغربی سائنسدانوں نے انتہائی تنگ ظرفی اور بددیانتی کرتے ہوئے ان سے خوشہ چینی تو کی مگر اعتراف نہ کیا۔

دل ودماغ پر شاہانہ تکلّفات کی وجہ سے خلافت سے محروم رہے۔ لیکن علمی دنیا میں اپنے کاموں کے سبب مشہور ہوئے۔ خالد کو علم ہیئت سے اتنا لگاؤ تھا، کہ وہ کائناتِ فلک کا ایک 'کرہ' تیار کرنے میں کامیاب ہوگئے۔

(۲) ابواسحق ابراہیم بن جندب (۱۵۷ھ/۷۷۶ء)

اجرامِ فلکی کے مشاہدے میں مہارت رکھنے والے اس سائنس دان کا نام ابراہیم بن جندب ہے جنہوں نے دوسری صدی ہجری میں ذہن اور دماغ سے ایک آلہ 'اِصطرلاب' (Telescope) ایجاد کیا جس کے ذریعہ فاصلے کی پیمائش کی جاسکتی تھی۔

گلیلو (اٹلی ۱۵۶۴ء تا ۱۶۴۲ئ) جس کو دوربین کا موجد کہا جاتا ہے، اُس نے اسی تصور کو لیا اور اصطرلاب کو ترقی دے کر ایک ایسا آلہ بنایا جس میں دیگر سہولتیں بھی پیدا کردیں۔ حقیقت یہ ہے کہ دوربین کے موجد ابراہیم بن جندب ہی تھے۔

(۳) جابر بن حیان (۱۹۸ھ/۸۱۷ء)

جابر، شیر خوارگی ہی میں یتیم ہوگئے تھے۔ ان کے والد حکومت کے مغضوب تھے اور بغاوت کے جرم میں قتل ہوئے۔ ان کی تربیت عرب کے ایک دور افتادہ علاقے کے ایک بدوی قبیلے میں ہوئی تھی جہاں انہوں نے اپنے بچپن اور جوانی کے ایام گزارے۔ یہ تینوں اُمور ایسے تھے، جن کے باعث اس زمانے کی اعلیٰ تعلیم حاصل کرنے کا کوئی موقع

اُنہیں میسر نہیں آسکتا تھا۔ لیکن ان ناسازگار حالات کے باوجود انہوں نے اپنی محنت، قابلیت اور ذہانت سے سائنس میں اپنے لئے اتنا اونچا مقام حاصل کرلیا جو اس زمانے میں کسی اور کو حاصل نہ ہوا تھا۔

جابر بن حیان کیمیا (Chemistry) کے باوا آدم تسلیم کئے جاتے ہیں۔ یورپ کے تمام محقق اس بات پر متفق ہیں کہ تاریخ میں پہلا کیمیا دان جس پر یہ نام صادق آتا ہے، جابر بن حیان ہے۔ اہل یورپ میں جیبر (Geber) کے نام سے مشہور ہیں جو کہ جابر کی بگڑی ہوئی صورت ہے۔ جابر بن حیان نے کیمیاوی تجربے میں کمال پیدا کرکے اس کے نکات بیان کئے، اصول اور قواعد مرتب کئے جو آج بھی مستعمل ہیں:

(۱) عمل تصعید: دواؤں کا جوہر اُڑانا (Sublimation) اس طریقے کو سب سے پہلے جابر نے اختیار کیا تاکہ دواؤں کو مزید موثر بنایا جاسکے اور محفوظ رکھا جاسکے۔

(۲) فلٹر کرنے کا طریقہ ایجاد کیا۔

(۳) لوہے کو زنگ سے کیسے بچایا جاسکتا ہے؟

(۴) موم جامہ (وہ کپڑا جس پر پانی کا اثر نہ ہو) بنایا۔

(۵) چمڑے کو رنگنے کا طریقہ دریافت کیا۔

(۶) بالوں کو کلر کرنے کے لئے خضاب کا نسخہ تیار کیا۔

(۷) عبد المالک اصمعی (۲۱۳ھ / ۸۳۱ء)

علم حیاتیات (Biology) سے کمالِ دلچسپی رکھتے تھے۔ یہ پہلے سائنسدان ہیں جنہوں نے علم الحیوانات (Zology) پر پانچ کتابیں تصنیف کرکے معلومات کا خزانہ ہمارے سامنے بکھیر دیا۔ جانوروں کی خصوصیات کامل ماہرانہ انداز میں اُنہوں نے بیان کرکے جنگل کی زندگی کا پورا نقشہ پیش کردیا۔ اصمعی جانوروں کی زبان میں واقعاتِ عالم

بیان کرتے ہیں جس کی وجہ سے ان کی کتابیں یورپ میں بہت مقبول ہوئیں اور ان کے ترجمے کئے گئے۔

(۴) محمد بن موسیٰ خوارزمی (۲۳۲ھ / ۸۵۰ء)

علم ریاضی کے زبردست ماہر اور الجبرے کے موجد مشہور ہیں۔ خلیفہ مامون الرشید ان کی بہت عزت کرتے تھے۔ بیت الحکمۃ (Science Academy) میں اُنہوں نے اپنا مقالہ پیش کیا۔ (خوارزمی کا یہ طریقہ آج بھی یونیورسٹیوں میں پی ایچ ڈی کی ڈگری حاصل کرنے کے لئے مقرر ہے) جس کے نتیجے میں ان کو اس سائنسی ادارے کا ممبر بنالیا گیا۔ علم ریاضی پر انہوں نے دو کتابیں مرتب کیں: 'علم الحساب' علم ریاضی پر دُنیا میں پہلی تصنیف تھی۔ جبکہ دوسری تصنیف 'الجبر والمقابلہ' تھی۔

علم ریاضی کی کتاب 'علم الحساب' چودھویں صدی میں یورپ پہنچی تو دانشورانِ یورپ کی آنکھیں کھل گئیں۔ کیونکہ یورپ میں اس جہالت کے دور میں رومن ہندسے رائج تھے جو بالکل نامکمل اور غلط اُصول پر قائم تھے۔ یورپ کے دانشوروں نے خوارزمی کی کتابیں دیکھ کر اپنی خرابیوں کو سمجھا اور اپنے حساب کتاب کے اُصول کو یکسر بدل دیا۔ اہل یورپ نے عربی ہندسوں کو فوراً قبول کرلیا۔ یہ ہندسے عربیک فیگر (Arabic Figure) کہے جاتے ہیں۔

ان کے ترجمے کو ۱۸۳۱ء میں 'روزن' نے لندن سے پہلی بار بڑے اہتمام سے چھاپا تھا۔

(۵) ابو بکر محمد زکریارازی (۳۰۸ھ / ۹۳۲ء)

امام رازی رحمۃ اللہ علیہ علم طب کے ڈاکٹر تسلیم کئے جاتے ہیں۔ ساتھ ہی ساتھ ان کو دنیا کا قابلِ ناز طبیب، عالی دماغ محقق، مفکر اور زبردست سائنس دان تصور کیا جاتا

ہے۔

امام رازی رحمۃ اللہ علیہ نے ابتدائی طبی امداد (First Aid) کا طریقہ پہلی مرتبہ جاری کیا اور دواؤں کے صحیح صحیح وزن کے لئے 'میزانِ طبعی' ایجاد کیا۔ میزانِ طبعی ایسا ترازو ہے جس میں چھوٹی سے چھوٹی چیز کا صحیح صحیح وزن معلوم کیا جاسکتا ہے۔ یہ ترازو آج کل ہر جگہ صحیح وزن کے لئے، خصوصاً سائنسی تجربہ گاہ میں استعمال کیا جاتا ہے۔ امام رازی کا سب سے بڑا کارنامہ مرض چیچک پر تحقیق ہے اور اس موضوع پر انہوں نے دنیا کی پہلی کتاب تصنیف کی جو کہ سینکڑوں برس تک یورپ کے میڈیکل کالجوں میں داخلِ نصاب رہی۔ الکوحل کے موجد بھی امام رازی رحمۃ اللہ علیہ ہیں۔

امام رازی رحمۃ اللہ علیہ اپنے فن کے واقعی امام تھے۔ ان کی بلندی کا اندازہ اس سے ہوتا ہے کہ بین الاقوامی طبی کانگریس کا اجلاس ۱۹۱۳ء میں لندن میں ہوا، جس میں آپ کو طب کا 'ڈاکٹر' تسلیم کیا گیا۔ دوسری مرتبہ ۱۹۳۰ء میں فرانس کے شہر (پیرس) میں ہوا، جس میں ان کو دوبارہ طب کا 'ڈاکٹر' تسلیم کیا گیا۔

(۶) ابو العباس احمد بن محمد کثیر فرغانی (۲۴۳ھ / ۸۶۳ء)

بغداد مامون الرشید کے وقت میں علم و فنون کا مرکز بن چکا تھا۔ ہر علم و فن کے قابل ترین لوگ وہاں موجود تھے۔ مامون الرشید علمی ذہن و دماغ رکھتا تھا۔ اس کے ذہن میں آیا کہ زمین کے گھیر (Sircumfernce) کی صحیح صحیح پیمائش کی جائے۔ چنانچہ اس نے انجینئروں کی ایک جماعت مقرر کی اور اس کا صدر احمد کثیر فرغانی کو نامزد کیا۔ شہر کوفہ کے شمال کا ایک وسیع میدان جو کہ 'دشتِ سنجار' سے پہچانا جاتا ہے، موزوں قرار پایا۔ ماہرین نے پیمائش شروع کی اور حساب کرنے کے بعد معلوم ہوا کہ زمین کا گھیر ۲۵۰۰۹ میل ہے لیکن موجودہ زمانے کے نئے نئے آلات کی وجہ سے زمین کا گھیر ۲۴۸۵۸ میل

مانا جاتا ہے۔ مسلم دور کی اس پیمائش اور آج اس نئے دور کی پیمائش میں بقدر ۱۵۱ میل کا فرق ہے، کل غلطی صرف ۴ فی صد ہے جو کہ غلطی تصور نہیں کی جاتی۔ ابو العباس کا دوسرا کارنامہ دھوپ گھڑی (Sun Dail) تھی جس سے دن میں وقت کا صحیح اندازہ ہو جاتا تھا۔

ابو العباس نے کئی کتابیں مرتب کیں۔ ان کی مشہور کتاب 'جوامع علم النجوم' ہے۔ اس کتاب کا پہلا لاطینی ترجمہ بارہویں صدی عیسوی میں شائع ہوا۔ پھر دوسرا ترجمہ جرمنی میں ۱۵۳۷ء اور تیسرا ترجمہ فرانس کے دانشوروں نے کیا۔

(۷) احمد بن موسیٰ شاکر (۲۴۰ھ / ۸۵۸ء)

مسلم دور میں یہ پہلا میکینک (Mechanic) گزرا ہے۔ عربی زبان میں اس فن کو علم الحلیلکہتے ہیں۔ احمد بن موسیٰ نے اس فن میں ایک کتاب بھی لکھی تھی۔ مؤرخین کا خیال ہے کہ ہارون الرشید نے دنیا کی سب سے پہلی گھڑی فرانس کے King کو جو بطورِ تحفہ بھیجی تھی وہ اسی میکینک کی ایجاد ہے۔

(۸) ابو القاسم عمار موصلی (۳۸۸ھ / ۱۰۰۵ء)

عمار موصلی امراضِ چشم میں مرض موتیا بند کے ماہر (Eye Surgeon) تھے۔ اُنہوں نے موتیا بند کے سلسلے میں تحقیق کی اور اس کا علاج آپریشن کے ذریعے دریافت کیا۔ مرض موتیا بند (Cataract) تکلیف دہ مرض ہے۔ موصلی نے اس فن پر ایک کتاب بھی مرتب کی جس میں اس مرض پر اچھی بحث کی ہے۔ اس کتاب کا نام 'علاج العین' ہے۔ اس کتاب کا پہلا ترجمہ یورپ میں اور دوسرا ترجمہ ۱۹۰۵ء میں جرمنی سے شائع ہوا۔

(۹) ابو الحسن علی بن عبد الرحمن یونس (۳۹۵ھ / ۱۰۰۹ء)

مصر میں جب فاطمی حکومت قائم ہوئی تو علوم وفنون کی ترقی اور تحقیق و جستجو کا ایک نیا دور شروع ہوا۔ ملک کے استحکام کے ساتھ ساتھ تہذیب و ثقافت کی نشوونما کا کام بھی جاری تھا۔ ۹۵۳ء میں المعز بن منصور جب خلیفہ بنے تو اُنہوں نے اس ملک میں بہت سی اصلاحات کیں۔ المعز ہی کے دور میں موجودہ مصر کے شہر قاہرہ کی بنیاد رکھی گئی جو آج تک مصر کا دارالحکومت ہے۔ لیکن المعز کا سب سے بڑا کارنامہ بیت الحکمۃ، بغداد کی طرز پر سائنس اکیڈمی کی تعمیر تھی تاکہ علمی تحقیق و جستجو، مطالعہ اور مشاہدہ کا کام بیت الحکمت کی سرپرستی میں باقاعدہ اور باضابطہ انجام دیا جاسکے۔ چنانچہ اس ادارے میں اہل علم و فضل ایک جگہ جمع ہوگئے اور ترقی کا نیا دور شروع ہوگیا۔

اس روشن دور میں جن دانشوروں نے اپنی علمی تحقیق اور فنی کاوشوں سے شہرت دوام حاصل کی، ان میں علی بن عبدالرحمن کا نام سرفہرست ہے۔ علی بن عبدالرحمن علم ہیئت کے زبردست ماہر تھے۔ اُنہوں نے مشاہداتِ فلکی سے جو حیرت انگیز نئی دریافتیں کیں، اُن میں سے ایک انحراف دائرۃ البروج (Inclination of the Eclptic) کا اہم مسئلہ ہے۔ اُنہوں نے اپنے مشاہدے سے انحراف دائرۃ البروج کی قیمت ۲۳ درجے ۳۵ منٹ نکالی جو آج کے دور کے بالکل مطابق ہے۔

(۱۰) ابوالفتح عمر بن ابراہیم خیام (۱۰۳۹ء تا ۱۱۳۱ء)

عمر خیام نیشاپور (ایران) میں ۱۰۳۹ء میں پیدا ہوئے۔ آپ ایک عالی دماغ فلسفی اور شاعر ہونے کے ساتھ ساتھ علم فلکیات اور ہیئت کے زبردست عالم، ماہر ریاضی دان، شمسی اور قمری تاریخوں کی تحقیق کر کے ان میں مفید اصلاحات کرنے والے، دونوں قسم کی تاریخوں میں مطابقت پیدا کرنے کا طریقہ دریافت کرنے والے ماہر موسمیات، شمسی مہینوں کے دنوں کا تعین کر کے درست کرنے والے، دینی کاموں کے لئے قمری سال اور

سرکاری دفاتر میں شمسی سال کو حکومت کے ذریعے رائج کرانے والے، لیپ سال(Leap Year) کے موجد، ادیب اور مصنف تھے۔یاد رہے لیپ سال میں فروری کے ۲۹ دن ہوتے ہیں۔

عمر خیام کا سب سے بڑا کارنامہ شمسی اور قمری سال کی پیمائش اور ان میں باہم مطابقت پیدا کرنا ہے۔ شمسی سال سے مراد وہ پوری مدت اور وقت ہے جس میں زمین سورج کے ارد گرد پورا ایک چکر کاٹ لیتی ہے۔

عہدِ عتیق کے یونان حکما سال کے پورے تین سو پینسٹھ (۳۶۵) دن مانتے تھے اور اسی سے مہینوں اور دنوں کا حساب لگاتے تھے۔ مسلم دنیا میں جب علم وفنون کا ہر طرف چرچا ہونے لگا اور مسلم حکمانے ہر موضوع پر کام شروع کر دیا تو ہر قسم کے علوم وفنون کی ترقی کے دروازے کھل گئے۔ مسلم حکما اور سائنس دانوں نے زمین کی گردش، شمسی سال اور قمری سال کی تحقیق بھی شروع کر دی۔ سب سے پہلے محمد بن جابر البنانی (المتوفی ۹۲۹ئ) جو مشاہدئہ افلاک کے ماہر تھے، اُنہوں نے شمسی سال کی تحقیق کر کے پورے ایک سال کی مقدار (۳۶۵) دن، پانچ گھنٹے، چھیالیس منٹ اور چوبیس سیکنڈ متعین کی تھی۔ عمر خیام نے بھی شمسی سال کی کمال احتیاط سے تحقیق کی اور پیمائش کے بعد پورے سال کی مقدار ۳۶۵ دن، ۵ گھنٹے اور ۴۹ منٹ بتائی جو آج کے دور کی تحقیق سے بہت قریب تر ہے۔ آج کے دور کے سائنس دان ۳۶۵ دن، ۵ گھنٹے، ۴۸ منٹ اور ۴۸ سیکنڈ بتاتے ہیں۔

دنیا میں سال کی لمبائی سورج سے شمار کی جاتی ہے، لیکن سال کے بارہ مہینے چاند کے حساب سے مانے جاتے ہیں۔ کیونکہ چاند سال میں بارہ مرتبہ نکلتا ہے۔ ان اسباب کی بنا پر اقوامِ عالم میں عہدِ عتیق سے شمسی سال اور قمری سال دونوں رائج ہیں اور دونوں

تقویموں سے کام لیا جاتا ہے۔ عرب میں قمری سال کا رواج تھا۔ اسلام نے اس کو باقی رکھا اور اسی کے ذریعے مہینوں کا حساب کتاب کیا جاتا ہے۔ قمری سال کا حساب حقیقت میں فطرت کے عین مطابق ہے۔ اسلئے اسلام کے جملہ مذہبی اُمور، مثلاً روزہ، حج بیت اللہ، عیدین اور عورتوں کے مسائل کی تاریخوں کا تعین قمری حساب سے کیا جاتا ہے۔ (بہ شکریہ ماہنامہ دعوت اہل حدیث، سندھ)

* * *

منتخب تاریخی اسلامی شخصیات پر سوانحی مضامین

اجالے ماضی کے

مصنف : ڈاکٹر ابو طالب انصاری

بین الاقوامی ایڈیشن منظر عام پر آچکا ہے